CONGRESO DE LOS DIPUTADOS

Valor de ley

Un análisis de la validez de la ley en la democracia constitucional

Monografías. 94

ALBERTO CARRIO SAMPEDRO

Valor de ley

Un análisis de la validez de la ley en la democracia constitucional

CONGRESO DE LOS DIPUTADOS
2012

Serie Monografías, núm. 94

Valor de ley. Un análisis de la validez de la ley en la democracia constitucional

ISBN: 978-84-7943-433-5
Depósito legal: M. 17.912-2012

Producción gráfica: Closas-Orcoyen, S. L.
Polígono Igarsa. Paracuellos de Jarama (Madrid)
Madrid, 2012

A mi abuela, Hortensia Castañón,
y a mis padres, Soledad Sampedro y Silvestre Carrio,
por el amor más puro.

A Patricia Orejudo, por el ideal kantiano
que compartimos y el compromiso interno
a la institución de hacer y aceptar promesas.

ÍNDICE

Capítulo segundo

POLÍTICA Y LEGISLACIÓN EN EL ESTADO CONSTITUCIONAL DEMOCRÁTICO DE DERECHO

Capítulo tercero

LA VALIDEZ DE LA LEGISLACIÓN DEMOCRÁTICA. UN ANÁLISIS METAJURÍDICO EN TRES NIVELES

Capítulo cuarto

EPÍLOGO

PRÓLOGO

Si hay una línea prometedora dentro del panorama actual de la filosofía del Derecho, ella ha de apuntar necesariamente —a mi entender— en la dirección de una «superación negadora» (en el sentido de la clásica *Aufhebung* hegeliana, dicho sea con el debido perdón) de las viejas oposiciones conceptuales que hemos heredado. Especialmente, de la oposición consabida entre el iusnaturalismo y el positivismo jurídico. Esa es la senda que pretende seguir, por ejemplo, el llamado constitucionalismo, por más indefinidos que sigan estando —también a mi entender— los criterios de unidad y consistencia filosófica subyacentes a la amalgama de discursos, teorías y enfoques heterogéneos que suelen converger bajo esa denominación (a falta de otra mejor). Y si hay una línea prometedora dentro del constitucionalismo, ella es la reflexión sobre el papel de la institución legislativa en el conjunto del Derecho. Dicho de otro modo, la construcción de una nueva «teoría de la legislación» es el principal déficit o laguna que la concepción constitucionalista del Derecho debe todavía colmar para mostrarse realmente como un cambio de paradigma.

Las teorías de la argumentación jurídica han hecho ya contribuciones muy relevantes en el análisis de la adjudicación y la aplicación del Derecho. Y tales análisis han avanzado efectivamente varias posiciones en el camino de la superación antes mencionada. Así sucede de forma manifiesta, como es bien sabido, en cuanto a la reconstrucción de la dimensión normativa del Derecho, donde la distinción entre principios y reglas ha transmutado por completo la vieja metodología positivista. Al revelar que el trato con las reglas (que son aquellos elementos del Derecho que lo conectan directamente con las prácticas: con las acciones y decisiones de los sujetos) nunca es independiente de principios, los límites de lo que podríamos llamar la «categoricidad» del Derecho, reducto último de todo positivismo, se ven desbordados de manera irreversible. Quizá sea esta la principal enseñanza de la discusión acerca de la «ponderación»: que (llámese como se llame a esta operación de racionalización) el trato con principios, razones subyacentes, valores, razones de primer orden, bienes, criterios de corrección... o como quieran de nuevo llamarse, forma parte interna del método jurídico. Con ello, el culto a las puras «formas» del Derecho (y, por tanto, el formalismo jurídico) se ve definitivamente superado por el desvelamiento de variedades de razonamiento práctico más complejas, incluso cuando se trata de la pretendidamente simple «subsunción». El Derecho no «cierra» —si alguna vez lo hace— al nivel de sus reglas (o prácticas), sino al de sus principios. El subrayado de la racionalidad práctica del Derecho (organizada desde sus principios metódicos o formales) reenvía de inmediato a la dimensión sustantiva del Derecho: a los principios materiales de carácter político-moral que en última instancia lo fundamentan, reducto a su vez de todo iusnaturalismo.

Sucede, sin embargo, que la dimensión sustantiva o justificativa del Derecho, aquella que, por decirlo en las palabras de Alexy, va más allá de la «vinculación a leyes, precedentes, dogmática», no queda —como quería el iusnaturalismo— ubicada en un lugar que esté más allá de *toda* forma de razón práctica institucionalizada. Al contrario: centra el foco precisamente en la figura positiva del legislador y en la naturaleza de su práctica institucional. Esta representa el punto de conexión del Derecho con la moral y la política y, por tanto, el vehículo a través del cual los principios político-morales son convertidos en relevantes para la categoría jurídica (y, a su través, para todo el sistema social). Los principios, que son fundamentos del Derecho, solamente pueden serlo sin embargo en la exacta medida en que quedan traducidos deliberativamente en forma de reglas y, por lo tanto, proyectados en prácticas o cursos de acción concretos. Qué principios son relevantes y de qué particular modo (frente a otros alternativos) se codifican en reglas operativas es justamente la tarea práctica del legislador. Junto a ello, la racionalidad de esa práctica se rige por principios metódicos que adquieren un carácter «inderogable». La constitucionalización de los sistemas jurídicos contemporáneos hizo perceptibles institucionalmente, dentro de la esfera categorial del Derecho, el conjunto de transformaciones histórico-políticas (y morales) que trajeron consigo la democracia moderna y los derechos humanos. Estos cambios también se reflejaron en una transformación profunda de la posición del legislador, con el abandono del legalismo como modelo básico del Estado de Derecho, basado en el gobierno de un sistema estricto de reglas regido por relaciones de consistencia lógico-formal. Tal concepción —de un legislador racional en la sombra cuya silueta solo se reflejaba en el diseño del juez formalista— se revela ahora como dependiente a su vez de razones sustantivas y no solamente autoritativas. Incluso cuando nos las habemos con dominios de tipicidad necesariamente cerrada y formalizada, como el campo penal, se trata de una necesidad a ser justificada desde principios materiales (como la libertad o la igualdad, ya no reducidas a su simple acepción jurídico-formal). Principios que ahora se incorporan a la Constitución en forma de derechos fundamentales —requisito imprescindible además del carácter plenamente democrático del modelo— y cuya jurisdicción afecta al propio legislador. La política legislativa se desarrolla en adelante *sub constitutione* —no solo *sub lege*— y en ella entra en juego el control judicial de la constitucionalidad de todas las normas y decisiones jurídicas. Ahora bien, todo ello, lejos de suponer un menoscabo de la función del legislador, ha multiplicado su importancia en las democracias constitucionales.

El legislador sigue siendo la instancia fundamental productora de las normas generales del sistema jurídico. Solo que ahora éste ya no es meramente un «sistema formal» vertebrado por la sola consistencia de sus reglas o cadenas de autoridades, sino una compleja práctica político-moral que responde a la *coherencia* de valores a lo largo de todo el conjunto de las operaciones de desarrollo normativo y de aplicación que forman su despliegue. Y, dado que el legislador sigue estando en el centro de esa práctica —que es una auténtica «política constitucional»— como su verdadero protagonista institucional, la tarea abierta a la filosofía jurídica estriba no tanto en reivindicar de nuevo el imperio de la ley, o defenderlo de los jueces como nuevos «señores del Derecho», cuanto en redefinir —en términos no residuales— el papel del legislador dentro de esa compleja práctica político-moral constitucional. O sea, se trata de reescribir «las reglas del método legislativo» en el marco del constitucionalismo, una vez que este ha supuesto una ampliación del método jurídico como algo más que producir reglas que contengan casos genéricos en los que «descubrir» las soluciones correctas a los casos particulares. El método jurídico consiste más bien en la *justificación* constructiva de las decisiones prácticas sobre la base de las cuales el Derecho en su conjunto se va edificando, ya sean las decisiones aplicativas de reglas o aquellas que consisten en instaurar las propias reglas. Si para el juez las reglas formuladas son fundamentalmente vehículos para la propagación de ciertas prácticas en cuanto valiosas o justificadas, perspectiva que debe regir su decisión *in casu*, el legislador aparece como quien *anticipa* ese proceso globalmente, en una perspectiva agregativa, esto es, teniendo a la vista la multiplicidad de decisores individuales que lo van a llevar adelante en cascada. Así es como las previsiones técnicas que la metodología jurídica tradicional imputaba al «legislador racional» —en materia de interpretación, lagunas, antinomias...— aparecen ahora como los principios institucionales que, diseñados prospectivamente desde la instancia legislativa pero en buena medida inderogables, gobiernan la instancia aplicativa. Pero, sobre todo, aparecen ahora también como estrechamente dependientes a su vez de principios no ya formales (como la seguridad jurídica) sino materiales o valorativamente sustantivos, es decir, que tienen que ver con la corrección o justicia de esas soluciones que el legislador está generalizando anticipadamente *erga omnes*. La función legislativa consiste, en suma, en el «atrincheramiento» (Schauer) y consiguiente promoción social de ciertos principios y valores, una vez realizado el correspondiente balance o deliberación entre los mismos, a través de reglas que van a ser recurrentemente aplicadas dentro de un sistema de decisiones deferidas. Dado que la actividad del legislador no solo tiene una vertiente institucional (intrajurídica) sino también una vertiente político-moral (extrajurídica), la teoría de la argumentación legislativa tiene que ir más allá de la filosofía del Derecho para abrazar de plano la filosofía moral y la filosofía política. Al menos ha de contener una teoría de los principios políticos y de la organización institucional de la democracia constitucional (p. ej., una teoría de la deferencia al legislador y de la competencia del Tribunal Constitucional), así como una teoría o concepción filosófico-moral de los derechos y de los valores (no solo como «triunfos» o «cortafuegos» sino también como directrices políticas del Estado regulador).

En definitiva, la nueva «teoría de la legislación» que al constitucionalismo se presenta como tarea pendiente solamente puede ser hecha en clave *filosófica*, pues —como ya sabía muy bien Aristóteles— la verdadera reflexión sobre las leyes sobrepasa la categoricidad jurídica, abarcando también a la política y a la moral (por no hablar de la económica). La legislación tiene un carácter esencialmente *arquitectónico* y constituye el elemento decisivo articulador de la *politikê* o «ciencia de la *polis*» que engloba y totaliza a las demás regiones de la razón práctica y que finalmente revela ser más una *prâxis* que una ciencia o una técnica, directamente entroncada con la propia filosofía práctica «pues es mediante las leyes como nos hacemos buenos» (*Et. Nic.*, 1094a14, 1094b5, 1141b23-34, 1180b24-5).

* * *

Más o menos, fue el cuadro de ideas expresado en los párrafos anteriores aquel que el autor del libro que el lector tiene en sus manos, el profesor Alberto Carrio, y quien suscribe sentamos conjuntamente —entonces, desde luego, más bien en forma de «tormenta de ideas»— como base para la realización de su futura tesis doctoral. De esto hace ya bastantes años —Alberto era todavía un animoso estudiante de doctorado en busca de un tema para su trabajo de investigación, a quien yo había dado clase en el último año de la carrera— y mucho ha llovido desde entonces (no en vano sucedió en Asturias). Pero difícilmente podré olvidar aquellos primeros encuentros y las entusiastas discusiones que durante años les siguieron y que fueron el prólogo de una amistad profesional y personal que perdura hasta hoy. Recuerdo especialmente la sorpresa que en mí causó hallar a una persona tan genuinamente interesada por la filosofía del Derecho. El caso de Alberto Carrio era realmente vocacional, como pocos —creo— pueden conocerse, ya que, siendo funcionario de la administración local, estuvo dispuesto a dejar su trabajo para emprender los siempre inciertos pasos de la andadura académica. A pesar de todos mis intentos por presentarle la decisión como arriesgada, Alberto Carrio se incorporó a tiempo completo al trabajo en el Área de Filosofía del Derecho de la Universidad de Oviedo, inicialmente como contratado de un proyecto de investigación sobre teoría de la legislación financiado por el Ministerio y después obteniendo brillantemente una beca del Congreso de los Diputados que le dio acceso también a colaborar en las tareas docentes ordinarias.

Emprendió asimismo con entusiasmo y dedicación el tema de tesis. Quiero destacar ahora la valentía, poco menos que rayana en lo temerario, que supuso aceptar un plan de trabajo propuesto por quien era perfectamente novel en la tarea de dirigir una tesis doctoral y le planteó un tema muy difícil, seguramente demasiado abierto y ambicioso, alejado de las comodidades de una tesis de autor, como era la revisión de las relaciones entre legislación y validez jurídica a la luz de los nuevos enfoques postpositivistas. Obtuvo muy pronto el grado de suficiencia investigadora con la lectura de un trabajo sobre el concepto de validez. Cuando finalizó el segundo año de su beca del Congreso, la obtención de una ayuda para realizar una estancia de seis meses en el *Institute of Advanced Legal Studies* de Londres le permitió culminar allí el grueso de su trabajo de tesis.

Después de eso, se sucedieron otras vicisitudes de cuyos tristes detalles ni yo ni él —me consta— queremos acordarnos por lo desapacible —y caducifolio— del caso. Tan solo diré que Alberto Carrio no recibió mejor premio a su trayectoria de trabajo y entrega durante años al Área de Filosofía del Derecho de la Universidad de Oviedo que la simple y directa exclusión (cierto es que por aplastante mayoría). Aunque sabemos que cualquier cosa es posible en la biocenosis académica de la universidad española, creo que el procedimiento seguido en este caso vino acompañado de hechos que pueden considerarse más bien insólitos entre nosotros. Habiéndose conseguido la dotación de una plaza de profesor ayudante, hubo un concurso, hubo varios candidatos y al final, quizá para despejar toda duda, hubo una limpia amortización. Por fortuna, también se dan gestos académicos de generosidad en nuestra universidad, que caben bajo aquella definición clásica que Spinoza dio a ese concepto: el esfuerzo por ayudar a otro en virtud del solo dictamen de la razón. Así fue como Alberto Carrio recaló en la Universidad Pompeu Fabra de Barcelona, primero como profesor visitante y después como asociado, donde hoy día sigue desempeñando felizmente, y espero que por muchos años, su labor académica. La fase final de la tesis doctoral tuvo que desarrollarse, pues, a caballo entre Barcelona y Oviedo. Solamente mi cabezonería contra toda clase de kafkianos obstáculos, burocráticos y no tanto, consiguió que finalmente la tesis se leyera en Oviedo, la universidad adonde pertenecía. Hay dos personas sin cuya intervención aquella suerte de prescindible *gymkhana* no hubiera llegado a su meta y a las que aquí quiero hacer público agradecimiento por ello: J. J. Moreso y M. Atienza.

Resultará fácil de comprender, entonces, que para mí constituya una ocasión de gran contento ver aquella tesis publicada hoy como libro, y que escribir su prólogo represente mucho más que un obligado expediente de cortesía académica. Lo cierto es que en buena medida siento este libro como una obra también mía, soldada a una etapa de mi vida, y por ello no estoy muy seguro de estar en la mejor posición —siendo en este caso más amigo de Platón que de la verdad— para poder cumplir del modo más adecuado con el papel de prologuista que, según mandan los cánones, ha de buscar la *captatio benevolentiae* del lector o bien, como decía Cortázar, «afilar la hoz». Tengo que decir, sin embargo, que entre aquel trabajo que tuve el placer de dirigir y el que ahora se presenta al lector hay una considerable distancia, indiscutiblemente para mejor. No solo se ha aligerado la redacción y condensado el texto, como exige la lógica editorial, sino que sobre todo ha madurado intelectualmente, beneficiándose del paso por la Universidad Pompeu Fabra tanto en estilo conceptual como en profundidad.

El libro hace, en primer lugar, un sumario repaso por algunos hitos sobresalientes del «tratado de las leyes», en su desarrollo a lo largo de la filosofía jurídica y política occidental de Platón a Kant, mostrando la evolución de los fundamentos del concepto de validez que caracterizan a cada período. El propósito de este recorrido histórico no es otro que presentar las ideas fundamentales de las que arranca el constitucionalismo moderno nacido de las revoluciones burguesas. Enseguida son abordados, en el capítulo segundo, los problemas que plantean los fundamentos de validez de la legislación en el Estado constitucional democrático. El autor adopta una hipótesis pragmática como hilo de su reconstrucción, de acuerdo con la cual la validez de las leyes es en última instancia una función de la continuidad de la práctica constituyente. Introduce en este sentido una propuesta que encuentro muy sugestiva y acorde con la dirección a que apunta el actual «giro práctico» que el constitucionalismo como concepción del Derecho, según antes señalaba, ha supuesto en los últimos años (y que me parece de una significación paralela a la que, por ejemplo, ha tenido el llamado «giro de las prácticas» en la reciente filosofía de la ciencia). Me refiero al concepto de «práctica de reconocimiento de la Constitución», con el cual el autor pretende dar cuenta del compromiso que la legislación tiene con los valores atrincherados en la norma constitucional. Validez se anuda, pues, a valor: a los valores del pacto político-moral originario. Esos valores, que han debido ser el resultado de un procedimiento democrático canalizado mediante instituciones representativas, conforme a la dirección ascendente que es constitutiva de la teoría política moderna, se proyectan sobre la práctica de legislar del Estado constitucional, punto de aplicación a su vez de la implantación social de los mismos según la dirección descendente que caracterizaría en general a la «política constitucional» y, por tanto, verdadero banco de pruebas del diseño institucional inherente al pacto político. Desde estas premisas, y adoptando una perspectiva de fundamentación, Alberto Carrio recorre problemas centrales tales como la tensión entre democracia y constitucionalismo, el carácter constitutivo de la Constitución como norma, la naturaleza interpretativa de la práctica legislativa constituida, la relaciones entre normas procedimentales y normas sustantivas y su correlación respectiva con reglas y principios, las complejidades de la conjugación entre legislación y jurisdicción constitucional... Finalmente, en el tercer capítulo, el autor retoma el análisis del concepto de validez, ahora desde una perspectiva más centrada en el arsenal conceptual de la teoría del Derecho. Propone una reconstrucción de los criterios de validez de la ley resultantes de las normas constitutivas de la práctica institucional legislativa basándose para ello en la heurística que ofrecen los tres ejes semióticos. Tras repasar diferentes modos de abordar la idea de sistema jurídico y examinar más de cerca la noción de norma constitutiva, los criterios de validez legislativa son analizados desde una perspectiva sintáctica (deductibilidad, pertenencia, justificabilidad), semántica (existencia, estructura abierta o cerrada de las condiciones de aplicación) y pragmática (obligatoriedad, funciones directivo-instructivas). Nuevamente aquí ostenta prioridad el punto de vista pragmático, pues es este el que subyace a los otros dos (por ejemplo: a los conceptos de procedimiento, regla, justificación, dinámica jurídica, convención, etc.) y define en última instancia la relación existente entre las normas constitutivas de la práctica institucional y la acción de las autoridades legislativas. Ello conduce a sentar la insuficiencia de los criterios puramente formales de validez, al estilo de la tradición positivista de raigambre kelseniana que llega hasta Hart y su concepto de norma de reconocimiento. Los criterios de validez del Derecho demuestran ser siempre materiales y, por ello, externos a las reglas y al sistema que estas forman. Y si la validez no puede identificarse sin más con la «validez interna», en el sentido de Schauer, sin que ello signifique tampoco negar esta de modo absoluto, entonces la continuidad y persistencia de la práctica de reconocimiento —esto es, la práctica legislativa y la compleja recurrencia de actos y decisiones normativas que ella pone en marcha— queda vinculada estructuralmente a los valores político-morales constitucionales (derechos y libertades fundamentales, principios y directrices) que suministran la justificación última del propio valor de la ley.

Naturalmente, son muchas las cuestiones de filosofía jurídica y político-moral que un recorrido como este remueve y deja abiertas (para el pormenor de las tesis y argumentos reenvío al lector directamente al texto), y muchos más los problemas que necesariamente han debido quedar solo esbozados y sin la explicitación que un desarrollo más minucioso y extenso requeriría. Por mi parte, no quiero resistirme a la tentación de mencionar aquí siquiera sea un par de esos problemas. El primero tiene que ver con la fertilidad del concepto de norma constitutiva, presupuesto sobre el que descansa buena parte del análisis, a la hora de dar cuenta del carácter determinante de los criterios que rigen la práctica legislativa. La definición analítica usual de estas normas —pretendidamente una clase separada— hace muy difícil, si no imposible, un uso crítico del criterio de la «constitutividad» que no incurra en petición de principio (por ejemplo: son normas independientes, inviolables, conceptuales, definitorias de las prácticas respectivas, etc.). Sería necesario recuperar la idea de práctica *también* en relación con el proceso histórico-político que lleva a la introducción de las propias normas constitutivas y, por tanto, del pacto político. De ese modo, la buscada materialización del Derecho, y de la idea de autoridad que le es consustancial, hallaría fundamentos más sólidos —por ejemplo, en la indagación sociológico-política y económica de las condiciones del poder y el conflicto y su dialéctica permanente de divergencia y equilibrio— que los que proporciona la apelación a la simple inconsistencia pragmática —puramente analítica— de no seguir esas normas constitutivas aceptadas como «últimas». Esto nos lleva al segundo problema, que solo voy a mencionar. Creo que es necesario incorporar también el «punto de vista externo» en la fundamentación filosófica de la normatividad de la práctica de reconocimiento, si es que nos tomamos en serio —como creo que debe hacerse— la imagen que del Derecho y sus normas nos suministran las ciencias sociales y en particular aquellas que han proyectado luz crítica sobre la legislación y su circunstancia histórica, sociológico-política, económica...

Pero estas críticas (u otras tantas similares que podrían hacerse) no suponen en absoluto un demérito del libro, sencillamente porque responder a todos los problemas implicados en el fenómeno de la legislación no estaba —no podía estar— en su designio. El cual era más bien plantear un horizonte adecuado de respuesta a las demandas que el concepto de validez de las leyes plantea en el marco del Estado constitucional democrático. Alberto Carrio sabe muy bien que el papel de la filosofía en nuestro campo no es otro que el de construir mapas que nos permitan orientarnos dentro del territorio de los distintos saberes de y sobre el Derecho. Cada uno de esos mapas, sin embargo, exhibe su mayor o menor corrección o adecuación no solo en virtud de las relaciones que mantiene con el terreno cartografiado, sino también respecto de otros mapas alternativos. Y, si asumimos que un mapa solo puede ser hecho desde el punto de vista interno, pues no es sino una guía práctica, debemos reconocer que el constitucionalismo, como «técnica de la libertad», es seguramente la guía que mejor puede contribuir a perfilar los relieves y accidentes de la razón jurídica en cuanto razón práctica en nuestro presente. Este libro es una aportación más en la tarea de construir el mapa y, en tal medida, supone un paso en la dirección correcta.

Jesús Vega
Oviedo, junio de 2011

AGRADECIMIENTOS

Han sido muchos los años de investigación invertidos en este trabajo y muchas las personas e instituciones sin cuya colaboración no hubiera sido posible. El libro que el lector tiene en sus manos comenzó siendo un proyecto de tesis doctoral que fue merecedor de una beca competitiva del Congreso de los Diputados y de prórroga excepcional en la siguiente convocatoria por el interés de la investigación. La segunda parte del proyecto inicial fue asimismo reconocida con una beca MAEC-AECI del Ministerio de Asuntos Exteriores y de Cooperación que me permitió realizar una fructífera estancia de investigación en el *Institute of Advanced Legal Studies* de Londres. Concluida la investigación, el Congreso de los Diputados me ofreció, también excepcionalmente, la publicación del trabajo. Agradezco a ambas instituciones las ayudas prestadas y, en especial, al Congreso de los Diputados el interés que ha mostrado en la publicación de este libro.

El proyecto de tesis doctoral tuvo origen, a su vez, en una investigación sobre el concepto de validez jurídica. Con este trabajo obtuve el grado de suficiencia investigadora con la máxima calificación al finalizar mis cursos de doctorado en el Departamento de Derecho Público de la Universidad de Oviedo. Quiero agradecer al profesor Miguel Ángel Presno, tutor de aquel trabajo, y especialmente al profesor Ramón Punset, director del Departamento, su colaboración y buen hacer académico en el momento más duro y de ingrato recuerdo por el que pasó esta investigación.

El profesor Jesús Vega, fue el director de aquel proyecto de investigación inicial y también de la tesis doctoral. Desde el último año de licenciatura en el que asistí a sus clases de filosofía del Derecho, así como durante los largos años de investigación que concluyeron con la defensa de la tesis y hasta el momento de publicación de este libro, ha estado permanentemente atento a la evolución de este trabajo. No solo leyó y criticó los borradores iniciales, como es propio de un director de tesis doctoral, sino que se implicó personalmente en el mismo hasta el punto de poner en riesgo sus propios intereses personales y académicos. De él aprendí que el rigor, la prudencia y la honradez son tres características esenciales que debe reunir todo investigador; pero también que la amistad, lejos de estar reñida con estos tres requisitos, se construye más sólidamente a partir de ellos. Le agradezco su confianza y espero poder seguir disfrutando de su colaboración y amistad durante muchos años.

Concluí la redacción del proyecto de tesis doctoral en la Universitat Pompeu Fabra de Barcelona y su defensa tuvo lugar en la Universidad de Oviedo, en la que comencé mis estudios, ante una comisión integrada por los profesores Benito Aláez, Manuel Atienza, José Juan Moreso, Alfonso Ruiz Miguel y presidida por el profesor Ernesto Garzón Valdés. El trabajo mereció la máxima calificación por unanimidad pero también fue objeto de innumerables críticas, consejos y advertencias por parte de todos y cada uno de los integrantes de la comisión. Quiero agradecer a todos ellos la comprensión, amabilidad y especialmente la rigurosidad académica con la que actuaron no solo en aquel momento sino también en las conversaciones posteriores que mantuve con ellos. Gracias a sus observaciones críticas este trabajo pudo ser mejorado, o al menos eso espero, considerablemente.

Después de alcanzar el grado de doctor y hasta este momento, he tenido la suerte de continuar en la Universitat Pompeu Fabra. Son muchas las deudas que he adquirido con el Área de Filosofía del Derecho de esta universidad. En ella no solo encontré un grupo de profesores e investigadores de elevada talla intelectual, sino también un grupo de personas de profunda convicción y rectitud moral que hoy cuento entre mis amigos y amigas. Gracias a ellos, a su apoyo académico y humano, este libro ha podido salir adelante y su autor crecer intelectual y personalmente. Quiero agradecer a Paula Casal, Ricardo Cueva, Leticia Morales, Ezequiel Páez, Jahel Queralt, Lorena Ramírez, Rafael Ramis, Laura Roth y Neus Torbisco el cariño con el que me han acogido y la desinteresada ayuda que me han prestado en todo momento. Por la misma razón, idéntica expresión de gratitud debo a mis compañeros de la Universitat de Girona, Raúl Calvo, Jordi Ferrer, Diego Papayanis y Giovanni Ratti.

Marisa Iglesias, José Juan Moreso, Cristina Redondo y Andrew Williams no solo desaprovecharon su tiempo escuchando pacientemente las muchas dudas que me surgieron a la hora de afrontar la reconstrucción de la investigación inicial. También me dieron sabios consejos sobre cómo afrontar esta tarea que espero no haber desaprovechado. Les agradezco sinceramente su colaboración.

Ricardo Caracciolo y Hugo Seleme compartieron conmigo muchas horas de conversación. Con mucha generosidad y exquisita delicadeza me fueron haciendo ver los errores en los que una y otra vez incurría debido a mi obstinación y torpeza. Gracias a ellos pude ir perfeccionando poco a poco el esquema final al que se atuvo la redacción de este libro.

José Luis Martí leyó detenidamente el borrador de la segunda parte de este libro y se tomó la molestia de señalar uno por uno los errores y carencias que en él había. Soy consciente de los muchos desacuerdos que Martí y yo mantenemos con respecto al diseño institucional de la democracia constitucional. Pero también lo soy de su generosa amistad personal e intelectual y quiero agradecer su colaboración y apoyo.

Con Jorge Malem, Josep Maria Vilajosana y José Luis Pérez Triviño he contraído una deuda especial que por mucho que me esfuerce nunca podré saldar.

José Luis Pérez Triviño leyó el borrador de todas y cada una de las partes de este libro y me indicó errores conceptuales y de redacción. Pero además, y antes de todo eso, encontré en él a una buena persona. Su amistad y colaboración académica no pueden más que enorgullecerme y espero que se mantenga por muchos años.

Josep Maria Vilajosana es sin duda un referente de honradez personal e intelectual. No solo tuvo la paciencia de leer el borrador completo del manuscrito inicial de este libro sino que mostró también un inusitado interés por el mismo. Vilajosana, hombre de riguroso criterio y extrema delicadeza, a la vez que iba mostrándome los errores o incoherencias me señalaba también las posibles vías de solución. Algunas de sus indicaciones están expresamente señaladas en el texto, otras muchas no han podido ser reflejadas en él porque forman parte de nuestras conversaciones. Quiero agradecer sinceramente al profesor Vilajosana su inestimable ayuda.

En el profesor Jorge Malem encontré un padre intelectual y personal. Gracias a él y a José Juan Moreso pude incorporarme al grupo de Filosofía del Derecho de la Universitat Pompeu Fabra. Desde aquel mismo momento el profesor Malem me brindó todo su apoyo. Gracias a sus consejos y críticas, que fueron muchas, fui aprendiendo a analizar los problemas y a expresar de una manera más clara y sencilla el resultado de ese análisis. Jorge Malem supuso en todo momento un acicate en la revisión del trabajo de mi tesis doctoral y, antes incluso de que hubiera un ofrecimiento en firme de publicación, para ponerme a trabajar en este libro. El profesor Malem leyó el borrador inicial de este trabajo, pero también el borrador del borrador y se prestó a discutir conmigo, mucho más allá de lo que aconsejan los horarios laborales al uso, todos y cada uno de los esquemas iniciales de análisis que le fui presentando. Malem no solo me regaló su tiempo personal; fue, a la par que riguroso, muy generoso compartiendo conmigo su amplio bagaje intelectual. No puedo por menos que expresar aquí mi deuda para con él y mi más sincero agradecimiento.

La suerte que ha supuesto para mí incorporarme a este grupo de investigación se ha visto incrementada con el absoluto privilegio que supone poder asistir al seminario permanente que imparte nuestro maestro Garzón Valdés, a quien tanto debemos. Gracias a todos ellos he podido concluir la investigación y publicar finalmente este libro. Todo lo bueno que pueda encontrarse en él se debe a estas personas, los errores obviamente tan solo son atribuibles a la obstinación e impericia del autor.

Como es natural durante todos estos años mi vida no ha transcurrido tan solo en la Academia. Es cierto que en ella he encontrado a personas que comenzaron siendo compañeros y más pronto que tarde se convirtieron en amigos. Quiero agradecer también su apoyo a Rafael Escudero, Victoria Roca, Ángeles Solanes y María Valvidares que han supuesto, además de una grata compañía en la vida académica y lúdica, una gran ayuda en los momentos difíciles.

Pero fuera de la Academia también hay vida y muy enriquecedora. A mis amigos Juan Avilés y Margarita de Carlos les debo agradecer la confianza que han depositado en mí ante una empresa que cuando menos resultaba incierta. Silvia Cosío y Xandru Fernández, a quienes durante tiempo privé de mi compañía, lo que quizá haya sido conveniente para ellos pero absolutamente irracional por mi parte, fueron y siguen siendo el ejemplo más sincero de amistad. Hace muchos años que encontré en ellos el hombro en el que apoyarme en los momentos de derrota y la más tierna de las sonrisas que me devolvía con ilusión a la vida. Helena-Mulu llegó después y de ella aprendimos que hasta entonces habíamos ignorado en qué consistía la expresión genuina de la felicidad.

Las personas a las que va dedicado este libro son por último las que más han padecido los rigores de la investigación y los sinsabores de la Academia. Como lo segundo no sería inteligente recordarlo, quiero pedirles públicamente disculpas por todos estos años en los que razonablemente pudieron pensar que habían quedado relegados a un segundo plano. Nada más lejos de la realidad.

Patricia Orejudo, con quien compartí mi vida y mi tesis doctoral, fue en todo momento un ejemplo, probablemente el mejor ejemplo, a seguir.

Con ella aprendí académicamente y crecí personalmente. No estoy seguro de que gracias a ella sea mejor investigador, pero indudablemente sí de que soy mejor persona.

Mi abuela, Hortensia Castañón, razonablemente escéptica ante la vida, fue siempre una maestra en el arte de ofrecer y demandar razones. Ella me enseñó a razonar y, aunque se empeñe en enunciarlo a la inversa, a ser consciente de que los momentos difíciles de la vida son solo un paréntesis entre dos etapas de la felicidad.

Mis padres, Soledad Sampedro y Silvestre Carrio, obviamente *conditio sine qua non*, son sin duda lo mejor que me ha dado la vida. Sencillamente, sin su apoyo y la confianza que han depositado en mí, con todos los sacrificios personales que ello les ha comportado, nada de esto hubiera sido posible.

Barcelona, octubre de 2011

INTRODUCCIÓN

Se han escrito ya tantas obras interesantes sobre la validez de la ley y sobre la democracia constitucional que quizá lo más prudente sea comenzar este libro pidiendo disculpas al lector. Ciertamente, ninguno de los temas que aquí se aborda es nuevo, sino recurrente. No hay tampoco una metodología de análisis original que justifique una nueva aproximación a los problemas teóricos y prácticos que tanto la validez de la ley como el diseño de la democracia constitucional presentan. ¿Hay entonces alguna razón para remover tantos libros y, sobre todo, para publicar uno más?

En no pocas ocasiones oí decir a Ernesto Garzón Valdés que en la Academia, aunque ciertamente no solo en ella, hay un interés por publicar que resulta inversamente proporcional al interés científico de las publicaciones. Espero que entre los muchos defectos que pueda contener este libro no se encuentre el de la redundancia. Entre otras cosas porque si bien es cierto que lo que abunda no daña, también lo es que precisamente por ello lo abundante es superfluo. Y dado que las advertencias de los maestros suelen ofrecer buenas razones, no solo están para escucharlas sino también para actuar de conformidad con ellas. Recae por tanto sobre mí la responsabilidad de justificar una nueva publicación sobre temas tan trillados.

En este trabajo pretendo analizar el concepto de validez de la ley en la democracia constitucional. Es por tanto un libro de teoría de la legislación, y como tal presta atención a la dimensión jurídica y política de la ley. Quiero pensar que las aportaciones novedosas que pueda haber en él, si es que hay alguna, puedan ser de interés tanto para los teóricos del Derecho como para los de la Política.

La validez de la ley ha sido siempre un problema teóricamente complejo. Desde la antigüedad, el concepto de validez parece haberse hecho depender del valor de la ley. Es decir, de la finalidad que se atribuía a la ley en la organización política y jurídica de la sociedad. En los casos en los que la ley no respondía a esta finalidad no merecía siquiera el calificativo de legal. En otras palabras, cuando la voluntad de la autoridad no se adecuaba a la finalidad atribuida a la ley, esta carecía de valor, no podía ser considerada válida sino *corruptio legis*. El problema teórico o conceptual terminaba así por convertirse en un problema práctico, el de la vinculatoriedad de la ley, o lo que es lo mismo, en el de las razones que ofrecía o no para cumplir las órdenes de la autoridad.

En principio cabría pensar que este problema ha quedado resuelto en la democracia constitucional. Ciertamente, las constituciones democráticas no solo atribuyen competencia a la representación mayoritaria y regulan el procedimiento al que esta debe atenerse para decidir, sino que incorporan también un catálogo de derechos y libertades que limita considerablemente el ámbito de la decisión. Consecuentemente con ello, los parlamentos democráticos no tienen más que seguir las reglas de formación y respetar los límites a los que queda sujeta la decisión para promulgar leyes válidas y vinculantes para cada uno. La democracia constitucional incorpora de este modo algo valioso que la diferencia notablemente de lo que ocurría en la antigüedad: i) un conjunto de reglas que indican quién y cómo debe decidir, y ii) unos derechos y libertades individuales, o lo que es lo mismo, el criterio de justicia con el que queda comprometida la decisión. La actividad de legislar deviene entonces en algo muy similar a una práctica institucional cuyas reglas constitutivas, al menos *ab initio*, vienen expresadas en la propia Constitución. Y si esto es así, el concepto de validez de la legislación democrática, como el de cualquier otra práctica institucional, necesariamente debe resultar de las normas constitutivas.

Obviamente, esto introduce una notable diferencia en este diseño institucional. Ahora, a diferencia de lo que ocurría en la antigüedad, las normas que atribuyen competencia, regulan el procedimiento y atrincheran el criterio de justicia al que debe adecuarse la decisión, son expresas. Pero la diferencia, con ser importante, no va más allá. Es decir, no implica que haya disminuido la complejidad del problema de la validez de la ley ni que tenga una naturaleza diferente.

Lo primero, la persistencia de la complejidad, es fácilmente comprensible si se repara en la diferente estructura de las normas constitutivas de esta práctica institucional. Las que regulan la competencia y el procedimiento para decidir tienen condiciones de aplicación más precisas y presentan la típica estructura de reglas. Las que enuncian los derechos y libertades carecen por el contrario de esta propiedad. Se asimilan más a los principios, sus condiciones de aplicación son por tanto más vagas y habitualmente generan desacuerdos a la hora de adoptar justificadamente una decisión.

La naturaleza del problema, por lo que respecta a lo segundo, tampoco se ha modificado sensiblemente. Si la validez de la ley se hacía depender en la antigüedad de su valor, del respeto de los derechos innatos o el estado de cosas que a través de ella podía alcanzar la comunidad; algo similar ocurre en la democracia constitucional. Y si la complejidad no se ha reducido ni el problema se ha modificado sustancialmente, parece lógico pensar que persiste también la vertiente práctica del mismo.

Creo que el problema de la validez de la ley, pese a no ser novedoso, es lo suficientemente relevante como para volver sobre él por varias razones. En primer lugar, porque tradicionalmente se ha prestado más atencion al ámbito de aplicación que al de la formación de la ley. Sin embargo, la mayoría de problemas que se presentan en el primero tienen que ver, en mi opinión, con las reglas constitutivas de la última. En segundo lugar, porque una reiterada objeción a la ley en sede judicial conlleva indudablemente un deterioro del sistema representativo de decisión. En tercer y último lugar, pero también el más importante, porque si la decisión del nosotros no se adecua formal y sustancialmente a los requisitos exigidos por las reglas constitutivas incurre en una inconsistencia pragmática. Es decir, da inicio a prácticas diferentes de la constituida que obviamente ponen en peligro la estabilidad del sistema jurídico-político y, con ello, las razones de cada uno para actuar de conformidad con la decisión del nosotros.

Este libro se compone de cuatro partes destinadas todas ellas a analizar en qué consiste la complejidad del concepto de validez de la ley y qué relación guarda con la estabilidad del sistema, o si se prefiere, con la continuidad en la práctica de la genuina democracia constitucional.

En la primera parte trataré de hacer un breve repaso de las diferentes caracterizaciones que ha recibido el concepto de ley, y con él el de validez, desde el mundo antiguo a la modernidad. Comenzaré analizando dos puntos de vista radicalmente diferentes en el plano metodológico pero sustancialmente coincidentes en el valor de la ley. Creo que a partir de cada una de estas concepciones se abren dos vías de análisis diferentes que de un modo u otro se han ido reproduciendo en diferentes etapas históricas. Ciertamente el idealismo platónico y el constructivismo aristotélico, como espero poder mostrar, irán apareciendo de distintas formas en Cicerón, los autores del medioevo, la formación y justificación del Estado en la modernidad y terminarán también por tener influencia en el constitucionalismo revolucionario.

La segunda parte comenzará con un análisis de la dimensión política y jurídica de la constitución democrática. Pretendo con ello analizar en qué consiste lo genuinamente valioso del acto soberano de legislación que alumbra el pacto constitucional. Sea lo que sea, parece evidente que la otra vertiente, la jurídica, en la que cobra pleno sentido el concepto de validez de la ley, debe guardar algún tipo de relación con ello. Ahora bien, dado que el constitucionalismo democrático conlleva una paradoja que afecta al núcleo mismo del procedimiento democrático de decisión, trataré de mostrar hasta qué punto el procedimiento es instrumental con respecto al criterio de excelencia del pacto constitucional. Es decir, de la dimensión política. Consecuentemente con ello, como espero poder defender, la legitimidad democrática de la que disponen los parlamentos para promulgar leyes vinculantes para cada uno, debe adecuarse, para permanecer intacta y dar así continuidad en la práctica al paradigma constitucional, a las normas constitutivas. Es decir, a los criterios formales y materiales de validez que resultan de ellas. Terminaré esta segunda parte con un análisis estrictamente formal del grado de coherencia que supone para el sistema constitucional democrático la previsión de dos procedimientos diferentes de decisión que recaen sobre el mismo objeto.

En la tercera parte intentaré llevar a cabo un análisis en tres niveles de la validez de la ley democrática. Dado que las normas constitutivas de la legislación son también las que dan origen al sistema y todas ellas están expresadas en lenguaje natural, me propongo analizar la estructura del mismo valiéndome de los tres ejes tradicionales de la semiótica lingüística. Comenzaré, pues, con un análisis del concepto genérico de sistema para comprobar después qué particularidades presenta el sistema jurídico. Esto permitirá comprobar, en primer lugar, qué requisitos sintácticos, genéticos o formales requiere la formación del lenguaje legal, es decir, la decisión de la representación mayoritaria; en el siguiente eje analizaré la dimensión semántica del lenguaje de las normas constitutivas y los desacuerdos que esta genera, particularmente en relación con los conceptos vagos que incorporan. En el eje pragmático, por último, me propongo analizar el uso de las reglas de formación del lenguaje legal y, por tanto, la coherencia que guarda la práctica institucional con las reglas constitutivas.

La cuarta parte de este libro es un epílogo. Trataré en él de argumentar en qué consiste la modificación que a mi juicio ha introducido la democracia constitucional en el concepto de validez de la ley. Intentaré mostrar asimismo la importancia que tiene la regla de reconocimiento de esta práctica para la estabilidad del sistema y analizaré dos formas diferentes de interpretarla. Espero, por último, poder ofrecer una caracterización adecuada de lo que en mi opinión constituye la genuina regla de reconocimiento del sistema, así como de un concepto de validez de la ley coherente con el diseño de la democracia constitucional.

Tan solo quiero añadir, para concluir esta introducción, que si como afirmaba Wittgenstein es cierto que el trabajo filosófico consiste en cambiar libros que antes nos parecía que debían estar juntos en un estante a otro diferente; esto es también lo que pretende este trabajo, cambiar algunos libros de estante sin prescindir de ninguno. Es cierto que Wittgenstein afirmaba también que lo único definitivo que puede encontrarse en este hecho es que los libros no se encuentran ya uno al lado del otro [1]. Pero como estoy razonablemente seguro de que el lector de este libro es un observador perfectamente consciente de la dificultad que entraña la tarea, como también requería Wittgenstein, espero haber actuado de acuerdo con las exigencias mínimas de interés científico y rigurosidad de las que nos advierte nuestro maestro Garzón Valdés. Si es así, me doy por satisfecho.

Los libros siguen siendo los mismos, si la distribución resulta adecuada o no compete juzgarlo al lector.

---

[1] Cfr. WITTGENSTEIN (1958: 75-6).

Capítulo primero

EVOLUCIÓN HISTÓRICA DEL CONCEPTO DE VALIDEZ DE LA LEY EN LA FILOSOFÍA POLÍTICA Y JURÍDICA

Si algún rasgo hay genuinamente característico de la ley es la artificialidad. Las leyes, sean científicas o políticas, son artificios humanos. Quienes más énfasis han puesto en analizar ese rasgo genuinamente característico de la ley fueron los estudiosos de las normas sociales. Entre estas ocupó siempre un lugar privilegiado la ley política, cuya identificación se realizaba por referencia a la autoridad. A diferencia de lo que ocurría con las leyes científicas, el valor de la ley política no podía residir, como es lógico, en la capacidad explicativa o predictiva de hechos pasados o futuros. Su validez, por tanto, tampoco podía venir ratificada por ningún hecho natural. El valor de la ley política consistía más bien en el cumplimiento de un deber con el que por acción u omisión quedaba comprometida la autoridad. Es decir, con la consecución de un estado de cosas, el bien común por ejemplo, o la preservación de ciertas cualidades intrínsecas de los individuos, los derechos naturales o innatos.

En uno y otro caso el valor de la ley, de cualquiera tipo de ley, es ciertamente instrumental. Pero mientras los criterios de validez y valor coinciden en el caso de la ley científica, es decir, ambos vienen confirmados o no por los hechos naturales; no ocurre lo mismo con la segunda. El valor de la ley política reside en su adecuación a un imperativo de la razón. En tanto que tiene como finalidad regular los hechos sociales, es decir, adecuarlos al imperativo racional; su validez no puede depender de los hechos que regula.

Quizá por eso desde la antigüedad el concepto de validez se hiciera depender del valor de la ley. Pero debido precisamente a la imprecisión del imperativo racional, la relación entre uno y otro concepto siempre fue inestable y causa de desacuerdos. En lo que sigue, trataré de hacer un breve repaso de esos desacuerdos valiéndome para ello de las opiniones de algunos gigantes del pensamiento social sobre cuyos hombros cabalgan nuestras intuiciones sobre la justicia y el diseño coherente con ellas de las instituciones públicas.

1. LA LEGISLACIÓN EN LA ANTIGÜEDAD. EL CONCEPTO OBJETIVO DE LEY FRENTE A LA LEY COMO RESULTADO DEL EQUILIBRIO EN LA PRÁCTICA POLÍTICA

Probablemente un buen ejemplo de la dependencia en la que se encontraba el concepto de validez con respecto al valor de la ley, lo ofrezca el que es considerado como el texto fundacional de la regulación jurídica centralizada: el Código de Hammurabi. Este código es, como se sabe, el documento más importante de la antigua legislación babilónica. Con él se llevó a cabo, hace más de cinco mil años, la organización política y jurídica de Šummer y Akkad. La importancia que tuvo en la institucionalización del procedimiento jurídico y la documentación sistemática de los acuerdos comerciales y de un incipiente aparato administrativo y judicial ha sido ampliamente destacada por Weber[1]. Menos interés parecen haber despertado en el jurista y politólogo alemán los argumentos con los que el propio Hammurabi justificaba su promulgación:

> «establecer la equidad y el Derecho para destruir el mal y prevenir la opresión de los débiles; para ilustrar y procurar mayor bienestar a sus ciudadanos»[2].

De acuerdo pues con Hammurabi, la validez de la ley, o lo que es lo mismo, las razones por las que debía ser obedecida radicaban en el estado de cosas que mediante ella era posible alcanzar.

Algo similar, pero a la inversa, ocurre con un texto literario que ha gozado de más reconocimiento por parte de juristas y filósofos del Derecho. Me refiero al conocido alegato con el que Antígona pretende justificar su transgresión del Decreto de Creonte:

> «No pensaba que tus proclamas tuvieran tanto valor como para que un mortal pudiera transgredir las leyes no escritas e inquebrantables de los dio-

[1] Cfr. Weber (1922: 385, 545 y 617).

[2] Cfr. Harper (1904: 3 y 5).

ses. Estas no son de hoy ni de ayer, sino de siempre, y nadie sabe de dónde surgieron»[3].

Es decir, dado que la ley de Creonte no preserva los derechos inquebrantables, o lo que es lo mismo, innatos de los individuos, carece de valor. No se ajusta al imperativo de la razón y en consecuencia no resulta vinculante. Prieto Sanchís y Zagrebelsky coinciden en señalar a este texto como representativo de los fundamentos morales del constitucionalismo moderno. En opinión del primero porque:

> «también el constitucionalismo parte de la ficción de que existen dos fuentes de normatividad: si antes fue Dios o la naturaleza, ahora será el poder constituyente del pueblo»[4].

Para Zagrebelsky porque el alegato de Antígona nos advierte de que

> «sin *ius,* la *lex* se convierte en arbitraria y, al mismo tiempo, en tiránica. El reto del constitucionalismo está en su totalidad aquí: en la capacidad de la Constitución, planteada como *lex,* de convertirse en *ius*»[5].

Creo que, aunque por razones diferentes, ambos apuntan en la dirección correcta aunque quizá los argumentos no sean los más adecuados. En mi opinión no se trata de que el constitucionalismo democrático base su normatividad en ficción alguna. Tampoco de que una genuina constitución democrática deba aspirar a convertirse en nada diferente de lo que es. Se trata, más bien, de que la legitimidad del constitucionalismo democrático se asienta sobre nuestras intuiciones básicas acerca de cómo concebir el individuo y la sociedad. Es decir, en una determinada forma de concebir la razón práctica y los sujetos de la misma que deriva en un diseño institucional que atrinchera dos condiciones distintas pero conjuntamente necesarias para enjuiciar la validez de la ley.

De todas formas, no se trata ahora de adelantar argumentos que serán desarrollados en los siguientes capítulos de este trabajo, sino de comprobar

---

[3] Cfr. Sófocles (1981: 265).
[4] Cfr. Prieto Sanchís (2003: 33).
[5] Cfr. Zagrebelsky (2004: 22).

a grandes rasgos la evolución histórica del concepto de ley política. Y sobre este particular, es necesario reconocer que dos siglos antes de que Sófocles pusiera en boca de Antígona la cuestión sobre la normatividad de las leyes positivas, existía ya en Atenas una constitución y una organización política, en ocasiones democrática, de la sociedad.

1.1. La Constitución de Atenas y los dos conceptos de ley

Lo cierto es que sobre la Constitución de Atenas, en realidad las diferentes constituciones de los atenienses que van desde el Código de Dracón, pasando por la Constitución de Solón, hasta las últimas constituciones del período clásico cuya compilación trató de llevar a cabo Aristóteles [6], hay opiniones diversas.

Para Hegel, por ejemplo, representa la «realización del espíritu de Atenea en los atenienses», la toma de conciencia de los individuos de su existencia como sociedad capaz de dotarse de una constitución que asegurase el ideal de igualdad y legalidad entre ellos [7]. En opinión de Popper sucedía, sin embargo, todo lo contrario. La organización política de la sociedad ateniense no era sino la expresión de una aristocracia arcaizante y paternalista, llena de prejuicios antidemocráticos y autoritarios que fueron posteriormente idealizados hasta el punto de usarlos erróneamente como ejemplo de una situación política en la que tenía cabida la opinión de todos los ciudadanos [8].

Sea como fuere, lo cierto es que en esta época existía ya una compleja organización política y jurídica en la que se encontraban formalmente separadas la potestad legislativa y la judicial [9]. Entre ellas se intercalaba, sin embargo, la potestad de los reyes o emperadores para decidir en última instancia cuál era el Derecho aplicable a cada caso. Se diferenciaba así entre Dikon (*δίκη*), que se refería a los fallos emitidos por los tribunales de justicia de acuerdo con las leyes de la Polis, y Themis (*θέμις*), que hacía alusión a las leyes divinas o naturales [10]. Existía, por tanto, una autoridad

---

[6] Cfr. Aristóteles (1948).

[7] Cfr. Hegel (1840: 452-3).

[8] Cfr. Popper (1945: 27). En términos similares De Lucas (1988: 247).

[9] Cfr. Bonner y Smith (2000: I, caps. IV y VII).

[10] Cfr. Wolf (1950: 19 ss. y 189 ss.), y Bonner y Smith (2000: I, cap. I, pp. 9-11).

última que decidía sobre la validez de la ley política tomando como referencia la ley objetiva o racional.

Sobre la relación que entre sí mantienen estos dos tipos o conceptos de ley versan algunas de las reflexiones de dos testigos de excepción de este período histórico a las que es conveniente prestar atención. Platón y Aristóteles conciben de forma radicalmente diferente las relaciones entre ellos y expresan en consecuencia dos visiones opuestas de la ley con hondo calado en la filosofía política y jurídica posterior.

1.1.1. *Platón o de la imperfección de las leyes políticas*

El problema de la organización política y jurídica de la sociedad probablemente haya sido el que más interés despertó en Platón. No en vano, como indica Strauss [11], todos sus diálogos se ocupan de una u otra forma de este problema y de las diferentes maneras de afrontarlo. Ciertamente, no deja de ser llamativo que el filósofo que probablemente expresara con más nitidez su escepticismo ante la política dedicara toda su vida a reflexionar y comprometerse activamente con ella. Este escepticismo, que Popper atribuye a la inestabilidad política en la que transcurre la vida del filósofo, y Strauss al deterioro moral de los gobernantes que atienden a intereses particulares en detrimento de los sociales [12]; se encuentra muy presente en la caracterización platónica de las leyes.

Las leyes políticas no son para Platón más que un intento de transponer a las sociedades humanas el orden universal existente en un mundo ideal. La relación que el orden político guarda con el universal depende entonces de la adecuación del mundo empírico al ideal. Y dado que existen diferentes tipos de órdenes políticos, hay también diferentes grados de adecuación al ideal [13]. Parece, pues, que, en tanto que imperativo de la razón, este orden ideal es de imposible realización en el mundo empírico, como le reprocha Glaucón a Sócrates:

> «Pero me parece a mí, Sócrates, que si se te deja seguir vas a omitir el tratar de aquello que te ocupaba en un principio: la posibilidad de un régi-

---

[11] Cfr. STRAUSS (1987: 168).

[12] Cfr. POPPER (1945: 33-5) y STRAUSS (1981: 260).

[13] Cfr. PLATÓN (1977a: 669), (1987a: 285).

men tal [...]. Hablas sin duda de la ciudad que tratábamos de fundar y que solo existe en nuestra imaginación; porque no creo que tenga asiento en lugar alguno de la tierra»[14].

Platón inaugura de este modo una concepción metafísica de las leyes, como indica Kelsen[15], y en general una metodología idealista del conocimiento en la que los conceptos son la genuina esencia de las cosas, como señala Ruiz Miguel[16]. El propio Platón así lo reconoce cuando por boca de Sócrates responde a sus críticos:

«carece de sentido obligarme a demostrar que las cosas han de ocurrir enteramente como las presentamos». Pero, por el contrario, tiene todo el sentido esforzarse en alcanzar «una ciudad real lo más cercana posible a la ya mencionada»[17].

De acuerdo con el idealismo platónico todo régimen político es por necesidad imperfecto, pero no todos lo son en el mismo grado ya que como él mismo afirma nuevamente por boca de Sócrates, de no recurrir a un criterio ideal no sería posible diferenciar las leyes tiránicas de las justas[18]. Creo que es importante tener en cuenta esta concepción platónica de la sociedad política, no solo por cómo entiende las instituciones públicas y las leyes jurídicas, como ahora veremos, sino también por la impronta que ha dejado en autores posteriores como Hobbes, Kant o Rawls, como podremos comprobar más adelante.

Platón subraya en primer lugar el carácter artificial de las leyes:

«los hombres comenzaron a realizar y a sufrir injusticias, tanto como a gustar de ambos actos, los que no podían librarse de ellos resolvieron que sería mejor establecer acuerdos mutuos para no padecer ni cometer injusticias; y, entonces, se dedicaron a promulgar leyes y convenciones y dieron en llamar justo y legítimo al mandato de la ley; tal es la génesis y la esencia de la justicia»[19].

---

14 Cfr. PLATÓN (1977a: 754 y 826).
15 Cfr. KELSEN (1947: 395-6) y (1985: 86-7).
16 Cfr. RUIZ MIGUEL (2002: 26).
17 Cfr. PLATÓN (1977a: 754-5).
18 Cfr. PLATÓN (1987: 669).
19 Cfr. PLATÓN (1977b: 265).

Es decir, el origen de las leyes políticas trae causa de un pacto entre los individuos mediante el cual se trata de asegurar un criterio de justicia común para todos ellos y vinculante en consecuencia para cada uno. La posibilidad misma del pacto así como su perdurabilidad se sustenta sobre la racionalidad de los seres humanos. No porque así se deduzca del propio pacto, que en sí mismo presupone la igual capacidad de cada uno para decidir y hacer posible de este modo el acuerdo. Esto no es sino la consecuencia de una racionalidad innata y común a cada uno de ellos que es, según Platón, la virtud política que Hermes distribuyó entre todos por igual para que de este modo pudieran vivir en comunidad[20]. Por eso afirma Platón que

> «cuando se trata de aconsejarse sobre una cuestión de virtud política es lógico que dejen hablar a cualquiera, por estar convencidos de que todos deben tener parte en dicha virtud a fin de que sea posible la existencia de las ciudades. Si los atenienses admiten, en cuestiones de justicia, los consejos del primero que se presenta se debe a la convicción de que todos los hombres tienen parte en la justicia»[21].

Lógicamente, el orden social que se alcanza a través de las leyes políticas en ningún caso es idéntico al ideal. De ser así, los individuos habrían logrado salir de la caverna, lo que implicaría la superfluidad de cualquier orden político. En tanto que esto no es así, ni en opinión de Platón parece posible que lo sea, las leyes son útiles para establecer un orden social lo más cercano posible al ideal. Ahora bien, aunque las leyes e instituciones políticas tengan esta finalidad instrumental, ello no quiere decir que no posean valor intrínseco en sí mismas. En opinión de Platón sucede más bien lo contrario. Debido precisamente a ese carácter instrumental, estas deben ser expresión de la virtud política que es innata en cada uno, aunque tal virtud se manifieste después en intereses diferentes. Tan solo de este modo las leyes serán vinculantes para los ciudadanos, y los gobernantes, a los que Platón considera servidores de la ley, podrán llegar a imponerlas por la fuerza a fin de preservar la estabilidad del orden social:

> «donde la ley tenga condición de súbdita sin fuerza, veo ya la destrucción venir sobre ella; y en aquella otra, en cambio, donde la ley sea seño-

[20] Cfr. PLATÓN (1977c: 167-9).
[21] Cfr. *id.*, 169.

ra de los gobernantes y los gobernantes siervos de esa ley, veo realizada su salvación» [22].

De ahí que el propio Platón se esfuerce en definir el contenido básico, los límites del poder, y la distribución del mismo, la forma cómo ejercerlo, que debería expresar la constitución del orden político más próximo al ideal [23].

Creo que es importante retener algunas ideas fundamentales de la teoría de Platón, así como las características básicas del diseño institucional de la república platónica. En relación con lo primero, es necesario señalar al menos lo siguiente:

i) La existencia de dos órdenes diferentes, el racional y el empírico. El primero de ellos no solo es el criterio de corrección del segundo, sino también el que le insufla valor, o lo que es lo mismo, le otorga justificación.

ii) El fundamento del pacto social, real o ficticio, es el reconocimiento de una característica innata y, por tanto, común a todos los individuos.

iii) El orden racional es trascendental con respecto a cualquier orden político. La adecuación del segundo al primero es, por tanto, una cuestión gradual. Es decir, el primero representa un ideal regulativo para el segundo.

Como espero poder mostrar a lo largo de este trabajo, estas ideas básicas de la teoría política de Platón se irán reproduciendo, expresadas de diferentes formas, en la filosofía política y jurídica occidental.

Las características básicas del diseño institucional de la república platónica se desprenden de su teoría política.

a) De la justificación que le otorga el orden racional al empírico se deriva la normatividad del segundo. Es decir, las razones para actuar de gobernantes y ciudadanos.

b) De la característica innata de los individuos, que afecta tanto a sus carencias básicas como al reconocimiento de la racionalidad, se deriva la igual capacidad y libertad de cada uno para decidir sobre los asuntos públicos. Es decir, las razones que justifican las leyes.

---

[22] Cfr. Platón (1963: I, 145).

[23] Cfr. Platón (1977d: 1090-4).

c) Del ideal regulativo que el orden ideal representa para el político, la necesidad de una constitución que exprese especificaciones del mismo. Es decir, los límites y la forma en que ha de ser ejercido el poder.

1.1.2. *Aristóteles y la arquitectónica legal*

Excepción hecha de la aludida *Constitución de Atenas* que en realidad es un proyecto inacabado de recopilación y exposición crítica de la historia constitucional ática que dirigía el filósofo estagirita [24], no se encuentra entre las obras de Aristóteles alguna dedicada íntegramente a las leyes. Sin embargo, al igual que ocurría con su maestro Platón, la organización política de la sociedad es un tema de reflexión constante en la *Ética* y *Política* aristotélicas.

Como para Platón, la virtud constituye para Aristóteles el punto de referencia fundamental del orden político. Pero hay sensibles diferencias entre la virtud aristotélica y la platónica. Para Aristóteles la virtud depende también de una propiedad innata de los seres humanos:

> «[L]as virtudes no se producen ni por naturaleza, ni contra naturaleza, sino por tener aptitud natural para recibirlas y perfeccionarlas mediante la costumbre. Adquirimos las virtudes mediante el ejercicio previo, como es el caso de las demás artes» [25].

Es decir, para Aristóteles la propiedad innata de los seres humanos es la aptitud para recibir la virtud, no la virtud en sí misma, como afirmaba Platón. Ello trae causa de la diferente forma en la que uno y otro conciben la naturaleza. Si para Platón existe un orden natural ideal y otro empírico, para Aristóteles existe un único orden, el que se genera en la propia naturaleza y que el ser humano puede racionalmente comprender:

> «La naturaleza se genera en el sujeto mismo; pues está en el mismo género que la potencia» [26].

---

[24] Cfr. Aristóteles (1948), y Jaeger (1923: 375-6) y (1946: 353).
[25] Cfr. Aristóteles (1949: 19).
[26] Cfr. Aristóteles (1970: II, 61).

Por eso Aristóteles exige y confía en el esfuerzo de los seres humanos por actuar racionalmente. Dicho de otra manera, para Aristóteles lo esencial de la virtud no se encuentra en una razón trascendental sino en la racionalidad práctica. Obviamente, la virtud política no es sino una especie de este género:

> «Así también practicando la justicia nos hacemos justos. Prueba de ello es lo que ocurre en las ciudades: los legisladores hacen buenos a los ciudadanos haciéndoles adquirir costumbres, y ésa es la voluntad de todo legislador, todos los que no lo hacen bien yerran, y en esto se distingue un régimen de otro, el bueno del malo»[27].

De acuerdo pues con Aristóteles, las leyes políticas tienen como finalidad hacer buenos a los ciudadanos. Son, por tanto, instrumentales con respecto a la voluntad del legislador que, en consecuencia, parece ser soberana:

> «[E]s evidente que todo lo legal, es en cierto modo justo, pues lo establecido por la legislación es legal y de cada una de esas disposiciones decimos que es justa»[28].

De ser así, el único criterio para diferenciar los regímenes políticos buenos de los malos vendría determinado por la efectividad social de las leyes. Es decir, por un hecho empírico. Lo cual resulta ciertamente inadecuado al concepto de bueno/malo y, desde luego, poco coherente con la definición aristotélica de virtud. Sin embargo, Aristóteles afirma también que la virtud se perfecciona mediante la costumbre, y dado que esta es la que las leyes hacen adquirir a los ciudadanos, parece necesario disponer de algún criterio conceptual que permita evaluar el grado de perfección:

> «llamamos justo a lo que es de índole para producir y preservar la felicidad y sus elementos para la comunidad política. Esta clase de justicia es la virtud perfecta, no absolutamente hablando, sino con relación a otro; y por eso muchas veces la justicia parece la más excelente de las virtudes»[29].

---

[27] Cfr. ARISTÓTELES (1949: 19).
[28] Cfr. ARISTÓTELES (1949: 71).
[29] Cfr. *ibidem*.

Este criterio parece ser para Aristóteles el eudemónico y, en tanto que es social antes que individual, se constituye en fundamento del concepto de justicia política. Pero esta, como afirma Aristóteles, no es perfecta en términos absolutos, sino en relación a otro, o lo que es lo mismo, relativamente perfecta.

> «La justicia política se divide en natural y legal; natural la que tiene en todas partes la misma fuerza, independientemente de lo que parezca o no, y legal la de aquello que en un principio da lo mismo que sea así o de otra manera, pero una vez establecido ya no da lo mismo»[30].

La ambigüedad de este párrafo de la *Ética* aristotélica ha dado lugar a las interpretaciones más diversas. Así, mientras que para algunos autores hace referencia a una razón universal que reenvía a los principios del Derecho natural, como señaladamente ocurre con Tomás de Aquino, del Vecchio o Finnis[31]; para otros es la expresión de la *phronesis* o prudencia aristotélica, la cual queda circunscrita al ámbito de la deliberación racional, como es el caso de Jaeger, Michelakis, Aubenque, Ranney o Vega[32].

Sea cual sea la interpretación que se haga de este párrafo, y lo cierto es que por la forma en que Aristóteles define la prudencia,

> «la prudencia es normativa: qué se debe hacer o no, tal es el fin que se propone. El entendimiento no consiste en tener prudencia ni en alcanzarla, sino que, lo mismo que el aprender se llama entender tratándose de ciencia, así el entendimiento es lo que se ejercita en la opinión para juzgar acerca de las cosas que son objeto de prudencia cuando habla otro y para juzgar rectamente»[33].

y la diferencia que establece entre el razonamiento teórico o científico y el práctico o prudencial[34], en cuyo ámbito cae la política, parece más adecuada la segunda que la primera. En palabras del propio autor:

---

[30] Cfr. Aristóteles (1949: 81).

[31] Cfr. Tomás de Aquino (1960: V, Q 57, 215 y VI, Q 93, 95); Del Vecchio (1930: 213 y 363), y Finnis (1980: 66-7), y (1985: 173-4).

[32] Cfr. Jaeger (1923: 101-2), Michaelakis (1961: 80-1); Aubenque (1963: 59-63); Ranney (2005: 41 ss.), y Vega (2011).

[33] Cfr. Aristóteles (1949: 97-8).

[34] En relación con la diferente conclusión del silogismo teórico y el práctico en Aristóteles *vid*, infra III, apartado 2.1, nota 35.

> «Sería absurdo considerar la política, o la prudencia, como lo más excelente si el hombre no es lo mejor del mundo [...], todos admitirán que lo sabio es siempre lo mismo, pero lo prudente varía»[35].

Ahora bien, no cabe duda de que en la razón prudencial se encuentra el criterio de corrección de las leyes políticas y en consecuencia el que permite diferenciar las leyes tiránicas de las justas[36]. Este criterio de corrección, que ha recibido a su vez diferentes interpretaciones y denominaciones[37], es perfectamente consecuente con la concepción aristotélica de la razón práctica, que atiende por una parte a los individuos y por la otra a la sociedad.

En relación con lo primero, los individuos son considerados por Aristóteles, como seres dotados de capacidad para adquirir las virtudes, no virtuosos en sí. Consecuentemente, necesitan esforzarse para perfeccionar esa virtud. Requieren, por tanto, ser educados de forma virtuosa para adquirir un sentido de la justicia que es en todo caso relativo, o lo que es lo mismo, susceptible de discusión. Y como quiera que esta es la función que está llamada a desempeñar la ley, pasamos del individuo a la sociedad. De ahí que según Aristóteles el orden social justo quede comprometido con la consecución de un estado de cosas: producir y preservar la felicidad en la comunidad política. Esta es la condición a la que queda sometida la voluntad de los buenos legisladores o, si se prefiere, de los regímenes políticos justos. Pero dado que la justicia política es prudencial y, por tanto, objeto de deliberación, es necesario que esta voluntad quede también sujeta a leyes expresas en el marco de la constitución política (*πολιτεία*).

> «Pues donde no gobiernan las leyes no hay sistema, no existe *politeia*»[38].

Y a la inversa, allí donde existan estas leyes y la voluntad de los legisladores se adecue a ella, las leyes políticas son expresión de la prudencia deliberativa y en cierto modo justas[39].

---

[35] Cfr. Aristóteles (1949: 94) y (2004: 246 y 286).

[36] Cfr. *id.,* (2004: 225).

[37] Cfr. Verdross (1946: 143 ss.); Rawls (1971: 374); Guibourg (1996: 192), y Nino (1996: 472).

[38] Cfr. Aristóteles (2004: 266).

[39] Cfr. Aristóteles (1949: 266).

Al igual que ocurría con Platón, conviene retener algunas ideas básicas de la concepción aristotélica de la razón práctica ya que serán reiteradas de uno u otro modo por la filosofía jurídica y política posterior:

i) Hay un único orden de cosas: la naturaleza se genera en el sujeto.

ii) Los individuos están dotados de capacidad para comprender racionalmente ese orden.

iii) A diferencia de lo que ocurre con los hechos naturales, a los que se refiere el conocimiento científico, los hechos sociales son objeto del conocimiento prudencial.

iv) En tanto que no se refieren a hechos necesarios sino variables, los juicios prudenciales son siempre deliberativos y, por tanto, sujetos a razonabilidad.

La sociedad política aristotélica vendría caracterizada entonces como:

a) Algo intrínseco a la naturaleza política del ser humano (*zoon politikón*).

b) Destinada a que los ciudadanos adquieran un sentido de la justicia.

c) Ordenadas, por tanto, bajo un criterio de justicia racional.

d) La adecuación de las leyes políticas al criterio de justicia es una cuestión de razonabilidad.

Quizá convenga aclarar, para terminar este primer apartado, que lo único que pretendo con esta propuesta de reconstrucción conceptual de algunas de las ideas básicas de Platón y Aristóteles es únicamente eso. No afirmo que esta sea la visión real que uno y otro tenían de la sociedad en la que vivían ni me atañe, por tanto, discutir su opinión sobre la esclavitud, la superioridad natural del hombre sobre la mujer y tantos otros aspectos que no ignoro pero simplemente no interesan a la finalidad de este trabajo.

2. LA JERARQUÍA DE ÓRDENES LEGALES EN EL MEDIOEVO

El redescubrimiento del pensamiento de los autores griegos en la época medieval tendrá fuerte impacto en la filosofía. El *logos* griego, ya fuera entendido como razón universal que dominaba el mundo (Heráclito y Platón), ya como principio creador de todas las cosas (estoicismo), se transforma en un realidad concreta, creada y creadora a su vez, mediante la que se comunica la razón divina en el marco de lo que Kant denominará después *ontoteología*. Es decir, en una teología trascendental que concibe su objeto a través de la razón [40]. La filosofía medieval, recupera de este modo la idea de una razón trascendente que como es obvio tendrá gran repercusión en la concepción de la ley y de la autoridad.

Por de pronto, esta idea servirá para abrir de nuevo la brecha entre la ley y el *ius* que Cicerón había puesto ya de manifiesto en su tratado sobre las leyes tomando como referencia el *nomos* (υόμος) griego [41]. De este modo, la ley política pasará de ser considerada un instrumento al servicio de la razón práctica, imperfecto por necesidad como afirmaba Platón o relativamente perfecto, como hacía Aristóteles, a un acto de voluntad cuya validez venía determinada por deducción de la razón legisladora universal:

> «tampoco pueden denominarse leyes a las que no se ajustan a aquella que por regir universalmente expresa los principios originales de la naturaleza y sirve como modelo para la creación de las leyes humanas» [42].

Lo cierto es que para bien o para mal [43], la senda abierta por Cicerón fue ampliamente transitada posteriormente por los autores de la Escolástica cristiana. Dos de los más representativos, Alberto Magno y Tomás de Aquino, retoman la distinción platónica entre el orden universal y el empírico para diferenciar tres órdenes, el político, el natural y el divino. Los dos primeros, en tanto que creados, eran objeto de conocimiento racional, el último no [44].

En el orden natural se encontraban los principios de la razón trascendental, que eran válidos para todo individuo y sociedad [45]. La ley política debía ser deducida de esos principios ya que constituyen «la razón formal de la legislación humana» [46].

---

[40] Cfr. Kant (2005: 524).

[41] Cfr. Cicerón (2000: 78).

[42] Cfr. *id.*, 128.

[43] Sobre la influencia de Cicerón en el pensamiento político occidental, Bobbio (1999: 513). En relación con el reduccionismo y vulgarización del pensamiento estoico en Cicerón, Bastit (1990: 31).

[44] Cfr. Alberto Magno (1978: 181-7), y Tomás de Aquino (1960: VII, 90-1).

[45] Cfr. Tomás de Aquino (1960: VI, Q 95, 168).

[46] Cfr. *ibidem*.

De acuerdo con esta razón dirá Aquino, al igual que Aristóteles, que las leyes humanas deben orientarse al bien común:

> «El primer principio de la razón práctica es el que se funda en sobre la naturaleza del bien, porque el bien es lo que todos desean»[47].

Y a decir de Aquino de ello deriva su propia normatividad:

> «La ley no solo encuentra su realidad en el modo activo de establecerla o de regular los actos de los demás sino también en la participación de los individuos en cuanto sujetos regulados, todos participan con sus actos en el orden establecido por quien ostenta la capacidad de establecer la ley»[48].

Para Aquino hay dos tipos de leyes humanas:

i) Las que se derivan por vía directa o deductiva de los principios naturales, válidas para cualquier individuo y sociedad y,

ii) Las que se derivan de modo indirecto o por vía determinativa, que son variables y sujetas a falibilidad.

El tercer tipo de leyes se refiere a aquellas que no pueden ser derivadas de los principios de la razón natural de ninguno de los modos anteriores y no merecen, por tanto, el calificativo de ley, son *corruptio legis*[49].

En parecidos términos se expresará posteriormente Suárez en su tratado sobre las leyes. Suárez concibe las leyes políticas como entidades situadas a medio camino entre la ontología platónica, como meros enunciados o representaciones de conceptos que se encuentran en el orden universal[50], y la prudencia aristotélica. La ley política es para Suárez parte de la ley eterna, esta es esencia de la que necesariamente participan el resto de leyes[51]. La ley política ha de ser, por tanto, racional, de lo contrario sería una derivación errónea, inconsistente con la ley eterna que no merecería siquiera el nombre de ley. Es decir, la justicia o injusticia de las leyes políticas, en tanto

---

[47] Cfr. *id.*, Q 94, 128.
[48] Cfr. *id.*, Q 90, 40-1.
[49] Cfr. *id.*, Q 95, 165 ss., y Q 99, 256.
[50] Cfr. SUÁREZ (1968: I, 91; II 53 y III 54).
[51] Cfr. *id.*, II, 2.

que participación de la ley eterna, depende de su adecuación a esta y, en consecuencia también su normatividad [52].

> «Si en la interpretación coinciden todos los intérpretes, crean certeza humana y normalmente la obligación de cumplir la ley y de hacer uso de ella en la práctica» [53].

El recurso a la interpretación se debe a varias razones, entre las que cabe destacar las siguientes:

i) El conocimiento de la voluntad del legislador que se adquiere a través del acto de promulgación de la ley es únicamente formal [54].

ii) La promulgación debe realizarse de tal forma que sea comprensible para todos. Pero debido a la imprecisión del lenguaje puede haber ambigüedades y, por tanto, dudas sobre lo que la ley exige [55].

iii) La voluntad del legislador por sí sola no basta para obligar a los individuos. Es necesario, además, que pueda hacerse de ella una interpretación conforme con los principios de la ley eterna [56].

Como consecuencia de lo anterior cabe al menos diferenciar dos tipos diferentes de leyes políticas. En primer lugar se encuentran las que imponen obligaciones y llevan aparejada una sanción. El segundo tipo se refiere a las leyes permisivas que confieren potestades o privilegios e indican cómo ha de realizarse válidamente un acto jurídico [57]. Ambos tipos son a decir de Suárez prescriptivos, ya que si las primeras señalan cuál es la acción debida, las segundas indican cómo ha de realizarse válidamente el acto de mandar o cualquier otro de carácter jurídico.

De acuerdo con Suárez la voluntad del legislador queda, por tanto, sometida a dos órdenes normativos diferentes. Por una parte, la legalidad eterna de la cual deriva la justicia o injusticia de las leyes políticas. Por la otra, al propio orden que constituyen las leyes políticas que indican cómo

---

[52] Cfr. *id.*, VI. 1.7.
[53] Cfr. *id.*, VI. 1.6.
[54] Cfr. *id.*, III, 54.
[55] Cfr. *id.*, IV, 54.
[56] Cfr. *id.*, III, 53.
[57] Cfr. *id.*, I, 122.

se debe proceder para adoptar decisiones. Como indica Garzón Valdés de la teoría de las leyes de Suárez se derivan dos tesis importantes[58], a saber:

a) La del legislador racional, que implica que su voluntad debe adecuarse a ley eterna.

b) La de la interpretación razonable de la ley, que debe realizarse de acuerdo con los principios de la ley eterna y teniendo en cuenta, además, los requisitos formales que exigen las propias leyes políticas.

3. LA LEY COMO INSTRUMENTO DEL CAMBIO POLÍTICO EN LA MODERNIDAD

La concepción platónica de los individuos, afectos por igual a determinadas carencias y necesidades básicas pero dotados también de una racionalidad innata, será recuperada en la modernidad por Hobbes. De acuerdo con Hobbes, en el estado de naturaleza no hay derechos. Ningún individuo puede tener seguridad de que su vida y propiedades vayan a ser respetadas dado que se encuentran expuestas a las apetencias naturales del resto[59]. Es decir, en el estado de naturaleza los individuos viven en una guerra constante en la que cada uno se encuentra permanentemente amenazado por los demás (*bellum omnium contra omnes*)[60]. El único modo de evitar esta situación es, en opinión de Hobbes como de Platón, alcanzar un acuerdo que garantice un mínimo de seguridad y una convivencia pacífica. En ese acuerdo de voluntades tiene origen el Estado o la sociedad civil. Un orden o ente artificial que posee una fuerza superior a la de cualquier individuo particular y es capaz así de garantizar la paz y la prosperidad de la comunidad[61].

3.1. EL DESACUERDO SOBRE EL ORIGEN DE LOS DERECHOS

En el estado de naturaleza no hay derechos ni obligaciones. Unos y otras nacen con el Estado, ese gran Leviatán liberado de las carencias humanas que dispone de capacidad para legislar atendiendo al bien de

---

[58] Cfr. GARZÓN VALDÉS (1977: 122-3 y 28).
[59] Cfr. HOBBES (1640: 89).
[60] Cfr. *id.*, 1642: 9.
[61] Cfr. *id.*, 1651: 185.

todos y someter a los disidentes por la fuerza de la espada[62]. Para Hobbes hay dos tipos de leyes, las que rigen la naturaleza y las que provienen de quien posee autoridad para imponer obligaciones y sancionar a los que las incumplen[63]. El resto de leyes, denominadas habitualmente naturales, coincide con las obligaciones morales. Pero estas, aunque haya acuerdo en que nunca podrán declararse ilícitas determinadas virtudes como la caridad, la gratitud o el cumplimiento de la promesa, solo obligan en el fuero interno. En ausencia de leyes positivas que indiquen a todos cuál es la acción debida, las leyes morales carecen de fuerza obligatoria y su cumplimiento es objeto de controversia entre los seres humanos[64].

> «La ignorancia de las causas en las que tiene origen el Derecho, la Equidad, la Ley o la Justicia dispone a los hombres a hacer de la costumbre ejemplo y regla de sus acciones; de tal manera que piensan que es injusto aquello que por costumbre ha sido castigado y justo lo que por haberse hecho impunemente con anterioridad pueden poner como ejemplo o precedente»[65].

Como tantas veces se ha dicho, Hobbes parece justificar de este modo la existencia de un Estado absoluto al que todos temen y cumplen por ello con las obligaciones que impone:

> «para asegurar el acuerdo entre los hombres, para hacerlo constante y duradero es necesario un poder común al que teman y dirija sus acciones en aras del beneficio común»[66].

Pero, como el propio autor indica, ese poder artificial tiene como finalidad asegurar el acuerdo entre los individuos en aras del bien común:

> «este poder nace para dar seguridad a través de una única voluntad a lo que prefiera la voluntad mayoritaria de los que lo suscriben»[67].

---

62 Cfr. *id.*, 1642: 19.
63 Cfr. *id.*, 1642: 58, y Gauthier (1990: 7).
64 Cfr. Hobbes (1642: 41) y (1651: 96).
65 Cfr. *id.*, 1651: 73.
66 Cfr. *id.*, 120.
67 Cfr. *id.*, 1642: 56.

De acuerdo con Hobbes, la voluntad de la autoridad queda vinculada también a la racionalidad humana convirtiéndose así, como señala Goldsmith (1996: 287), en una instancia de lo requerido por ella:

> «las leyes jurídicas son como una perfección artificial de la razón que se va alcanzando tras prolongados períodos de estudio, observación y experiencia y no como el resultado de la razón natural de cada hombre particular[68].

Cuando esto ocurre el orden artificial impuesto por el Estado debe ser obedecido. Hasta tal punto Hobbes está seguro de ello que sitúa la génesis misma de la vida en comunidad en una racionalidad basada en el seguimiento de reglas[69].

Como es sabido esta forma de entender el Estado y los derechos fue duramente criticada por Locke. Para Locke el Estado tenía únicamente potestad para dictar leyes acordes con los derechos naturales de libertad y propiedad[70]. Al contrario de lo que ocurría con Hobbes, para Locke los individuos únicamente son libres si se adecuan a la ley natural. Es decir, cuando ejercen sus derechos innatos de libertad y propiedad. Sin embargo, Locke reconoce también que estos derechos naturales pueden ser atacados. Para asegurar su permanencia es necesario ceder parte de la libertad natural al Estado. Consecuentemente el Estado no dispone de un poder absoluto sino que se debe limitar a proteger los derechos naturales sin hacer injerencia alguna en ellos que pueda perjudicarlos[71].

Locke arremete de este modo contra el poder absoluto y paternalista de la autoridad, especialmente la monárquica, porque en estos casos ningún súbdito tiene asegurados sus derechos. La genuina sociedad civil es aquella en la que:

> «el monarca ejerza su poder sujeto a las mismas leyes a la que lo están el resto de los ciudadanos, de lo contrario la sociedad civil y el estado de naturaleza continuarían siendo la misma cosa»[72].

---

[68] Cfr. *id.*, 1681: 9.
[69] Cfr. *id.*, 1642: 103-4, BUCHANAN y TULLOCK (1962: 40), y HORKHEIMER (1967: 39).
[70] Cfr. LOCKE (1680, II, 416 y 421 ss.).
[71] Cfr. *id.*, 339 ss. y 351 ss.
[72] Cfr. *id.*, V, 392-6.

La diferencia que media entre la concepción hobbesiana y lockeana del Estado es ciertamente notable. Los derechos para Hobbes tienen origen en el Estado. Para Locke el origen del Estado radica en la protección de los derechos. Pero en tanto que ambos recurren al pacto social, coinciden también en un aspecto fundamental que puede ser enunciado en las dos cláusulas siguientes:

i) La finalidad del Estado es asegurar la continuidad del pacto.

ii) En tanto que ente artificial, el Estado o la sociedad civil, quedan sujetos también a sus propias leyes.

Creo que estas dos condiciones han tenido gran influencia en el origen del constitucionalismo en la modernidad.

3.2. La constitución de los derechos

Las obras de Hobbes y Locke tienen ciertamente gran influencia en los autores posteriores. Montesquieu, por ejemplo, basa su conocida separación de poderes en la tripartición realizada previamente por Locke. Como es sabido Locke diferenciaba entre el poder legislativo, encargado de asegurar el disfrute de la libertad natural, el ejecutivo, cuya misión es ejecutar las leyes y el federativo que, según Locke, bien podía ser considerado:

> «poder natural porque es el que se encarga de dar respuesta y atemperar los poderes naturales que los hombres tenían antes de convivir en comunidad»[73].

Y si Montesquieu toma como referencia a Locke y como modelo al constitucionalismo inglés para contrapesar los poderes del Estado[74], su teoría de la separación de poderes, que es más bien una conjunción entre ellos[75], servirá como modelo a su vez para el constitucionalismo de la modernidad[76].

---

[73] Cfr. *id.*, V, 416-26.

[74] Cfr. Montesquieu (1748-50: XI, 586 y 590).

[75] Cfr. Eisenmann (1984-85: 16-7).

[76] Cfr. Cappelleti (1986: 21), y MacDonald (2003: 111 ss.).

Ahora bien, si en la teoría de la separación de poderes de Montesquieu desempeñaba un papel fundamental el ejecutivo, con capacidad para vetar las leyes provenientes del parlamento, los revolucionarios constituyentes verán en ello un privilegio injustificado que debe ser abolido [77]. La única forma de terminar con ese privilegio era la ley pública y general que obliga a todos por igual:

> «Todo privilegio es injusto, odioso y contradictorio con el verdadero sentido de la sociedad. La ley, en tanto que instrumento común, obra de la voluntad común, no puede tener por objeto más que el interés del conjunto de la comunidad» [78].

La igualdad en derechos era el requisito exigido también por Rousseau para la formalización del contrato social [79]. La finalidad de este era garantizar

> «una justicia universal que emana solo de la razón; pero [las] leyes de la justicia son vanas entre los hombres» [80].

Rousseau señala, sin embargo, que los dos principios en los que se fundamenta todo sistema de legislación, la igualdad y la libertad, se encuentran en permanente tensión entre sí [81]. Es necesario, por tanto, que la legislación tienda a conservar estos dos principios valiosos. Pero esto no debe hacer olvidar que la soberanía reside en la voluntad popular. Esta es, por tanto, la que dispone de competencia para decidir en cada momento qué leyes deben gobernarla, aunque pierda con ello la oportunidad de dotarse de las mejores. Quizá por eso Rousseau afirme, de forma muy similar a Aristóteles, que a los tres tipos de leyes: las que se refieren al todo consigo mismo (leyes fundamentales), las que relacionan las partes entre sí (leyes civiles) y las que vinculan a cada individuo con la ley (leyes criminales),

---

[77] Cfr. Siéyés (1788: 94).
[78] Cfr. *id.*, (1789: 199).
[79] Cfr. Rousseau (1762: II, 56).
[80] Cfr. *id.*, VI, 66.
[81] Cfr. *id.*, XII, 80.

> «se añade una cuarta, la más importante de todas, que es la verdadera constitución del Estado; que toma todos los días nuevas fuerzas; que, en tanto otras leyes envejecen o se apagan esta las reanima o las suple; que conserva a un pueblo en el espíritu de su institución» [82].

Kant, estudioso y admirador de la obra de Rousseau, se refiere también a la tensión en la que se encuentran los dos principios de la legislación. Pero Kant está interesado en un principio que sirva de fundamento al orden social. Este es el que enuncia la ley básica de la razón pura práctica:

> «obra de tal modo que la máxima de tu voluntad siempre pueda valer al mismo tiempo como principio de una legislación universal» [83].

El problema con el que se encuentra Kant es que ese principio es sencillamente indemostrable. La existencia de valores morales absolutos, de lo bueno en sí, no puede ser derivado de concepto empírico alguno. De ahí que Kant se desvincule del individuo histórico, de la visión idílica del «buen salvaje» que va perdiendo poco a poco el estado de inocencia y de dicha en los que vivió hasta su entrada en sociedad. Para Kant el pacto social es un postulado ideal pero necesario de la razón. Por eso el principio trascendental de la moralidad debe provenir de la analítica del entendimiento, debe ser un principio formal que ofrezca así un contenido de verdad con validez universal.

> «Pues la razón pura, al ser práctica *de* suyo, es aquí inmediatamente legisladora. La voluntad es pensada como independiente de condiciones empíricas, o sea, como una voluntad pura determinada *por la simple forma de la ley,* y este fundamento de determinación queda considerado como la suprema condición de todas las máximas» [84].

Un principio, en definitiva, que se obtiene del análisis puro del concepto de deber, que proviene del conocimiento y se anuda a la voluntad. Kant recupera de este modo el concepto de prudencia aristotélica para señalar que en este antagonismo entre la autonomía de la voluntad y la coacción

---

82 Cfr. *id.*, XII, 83.
83 Cfr. Kant (1788: 97).
84 Cfr. *id.*, 99-100 y 1997: 31.

externa es donde reside la unidad de toda sociedad. Si todo individuo actuara siempre de acuerdo con la máxima que recae sobre sí mismo como ley moral no serían necesarias leyes externas. Pero como esto no es así, lo que según Kant no quiere decir que el principio carezca de validez como idea ya que sirve precisamente como ideal regulativo conforme al cual apreciar las desviaciones de toda acción humana, es necesario un orden coactivo externo[85].

Ahora bien, el genuino orden social no debe hacer desaparecer las voluntades individuales sino permitir que todas ellas convivan en esa permanente tensión o *insociable sociabilidad*. Este orden es precisamente el que se forma mediante la asociación de seres racionales que se mantienen unidos por leyes objetivas comunes de las que, en tanto que respetan la dignidad de cada uno, todo individuo puede sentirse autor de la determinación de su voluntad individual y partícipe de la voluntad general. Es decir, un orden que tiene

> «como ley jurídica general idéntica máxima que la que enuncia la ley básica de la razón práctica»[86].

Las constituciones resultantes de las revoluciones francesa y americana llevarán a la práctica buena parte de las ideas de estos autores. Asegurarán los derechos de los individuos frente a injerencias injustificadas del poder y regularán el funcionamiento de los órganos estatales. Obviamente ello no quiere decir que el constitucionalismo revolucionario lograra dar por resuelta y definitivamente cancelada la tensión en la que conviven los dos principios básicos de la legislación que Rousseau y Kant coinciden en señalar aunque las vías de solución que propone cada uno difieran notablemente.

4. RECAPITULACIÓN

Hemos visto hasta aquí que la ley política ha venido definida tradicionalmente por dos rasgos característicos y relacionados entre sí: la artificia-

---

[85] Cfr. *id.*, 1997: 34.
[86] Cfr. *id.*, 47.

lidad y la instrumentalidad. Ninguno de ellos es privativo de este tipo de ley sino genérico, compartido por todas las leyes, sean del tipo que sean. Sin embargo, cada uno de estos rasgos es importante para comprender la evolución que ha experimentado el concepto de ley política y con él el de validez.

El primero, el de la artificialidad, da origen a dos metodologías radicalmente diferentes que afectan al análisis del segundo. Hay, por tanto, una divergencia metodológica y un acuerdo sustancial. Dicho con otras palabras, sea cual sea la vía epistemológica que se siga para evaluar la validez de la ley no hay duda de que esta queda vinculada a su valor instrumental.

Platón inaugura una vía marcada por el carácter ideal de los conceptos que repercute lógicamente en su concepción de los individuos y de la sociedad, o lo que es lo mismo, en la razón práctica. Para Platón, los individuos tienen, y saben que tienen, carencias y virtudes comunes que son la razón para concluir un pacto que permita la vida en comunidad. Obviamente la finalidad de tal pacto es garantizar el mantenimiento de esa igualdad. Es decir, proporcionar seguridad a cada uno y obtener con ello un beneficio conjunto para la sociedad. Dado que el pacto no sería necesario si los individuos hubieran sido capaces de liberarse de sus carencias y salir a la luz, comprender los conceptos ideales; el pacto es también necesariamente imperfecto. Esta imperfección es en realidad común a todo artefacto humano, y como es lógico también adolece de ella la ley política. El problema de la validez de la ley, que es el de la vinculatoriedad para cada uno, es entonces un problema que tan solo puede ser resuelto por vía interpretativa.

Aristóteles caracteriza la ley política de forma similar pero por razones sensiblemente diferentes. De acuerdo con Aristóteles, las leyes son consustanciales a la propia naturaleza humana, que es social. Consecuentemente con ello, la finalidad de la legislación es promover el bien común y la justicia en la comunidad. Esto es lo que hace virtuosos a los legisladores y en ello radica, por tanto, la virtud o el valor de la ley. Aristóteles maneja una concepción de la razón práctica diferente de la platónica que obviamente afecta a su concepción de los individuos y de la sociedad. Para Aristóteles los individuos no son virtuosos en sí, como ocurría en Platón, sino naturalmente dotados para la virtud. La función de la ley, y de ahí su valor o carácter virtuoso, es educar a los individuos, hacerlos adquirir una concepción de la justicia social. Por eso, en opinión de Aristóteles, todo lo que ordenaba la ley era en cierto modo justo. Es decir, no lo justo en sí, sino relativamente justo. En la caracterización aristotélica de la ley hay, por tanto, una dimensión empírica y otra conceptual. En esta última reside el criterio de virtud de la ley social. Obviamente si no se sabe en qué consiste la justicia natural, que es la perfecta, no es posible calibrar el grado de adecuación a ella de la justicia política. El problema de la validez de la ley ha de ser resuelto nuevamente por vía interpretativa.

Pero si Platón inauguraba un método o procedimiento deductivo, Aristóteles elegirá la vía constructiva. Después de todo, como Aristóteles afirma, el carácter abstracto de conceptos tales como bueno o justo se encuentra también en la propia naturaleza de los individuos. De ahí que aprendan a ser virtuosos practicando la justicia, que es por eso relativa a otro, o lo que es lo mismo, igual para cada uno de los individuos que componen la comunidad. Dado que la justicia política es relativamente imperfecta siempre puede haber desacuerdos en relación con lo que ordena la ley y esta queda sujeta, por tanto, a un juicio de razonabilidad.

Una y otra concepción de la razón práctica, y en consecuencia del origen e interpretación de la ley, tendrán amplia repercusión en el pensamiento político y jurídico occidental. En Platón se encuentra ya planteada la razón del pacto social que, reconstruido de diferentes formas, será utilizado después por Hobbes, Locke, Rousseau, Kant o Rawls. Ciertamente para Platón la causa del pacto se encuentra en las carencias individuales y, en consecuencia, en el beneficio que reporta para cada uno la vida en comunidad. Para Aristóteles no existe tal pacto, la naturaleza del individuo es política, social. No hay sociedad sin individuos pero tampoco se entiende al individuo sin sociedad. En Aristóteles se encuentran, por tanto, los principios prudenciales de la razón práctica a los que acudirá después la Escolástica cristiana, pero también Hobbes, Rousseau, Kant o Rawls.

Tanto el carácter ideal de los conceptos al que se refiere Platón como el actuar virtuoso o prudencial de Aristóteles, servirán a Cicerón para plantear tajantemente la cesura entre *ius* y *lex*. A ella acudirá después Aquino para establecer la prelación entre los diferentes órdenes legales y los modos de derivación de la ley de los que más adelante se valdrá Suárez para enunciar determinados requisitos formales y sustanciales de validez para la ley política.

La divergencia sobre el origen de los derechos se ve afectada también por estas dos corrientes de pensamiento. Si para Locke son naturales de cada individuo, o lo que es lo mismo consustanciales a su naturaleza, como afirmaba Aristóteles, para Hobbes tan solo adquieren sentido una vez que se ha constituido la sociedad, como decía Platón.

También Rousseau y Kant volverán por diferentes razones al pacto social. Pero mientras que para Rousseau el pacto representaba la entrada del buen salvaje en sociedad, para Kant suponía un presupuesto trascendental de la razón. Uno y otro apelan al actuar racional o virtuoso de los individuos para evaluar la ley política. Ahora bien, mientras que en opinión de Rousseau esta misma racionalidad es la que impide imponer límites a las decisiones que se adopten entre iguales; para Kant es la propia racionalidad la que exige garantizar que se respete a cada uno las condiciones mínimas de la moralidad.

Dado que una y otra concepción de la razón práctica, del individuo y el diseño institucional de la sociedad, son radicalmente diferentes en el aspecto metodológico pero no en el sustancial; ambas coinciden en señalar el carácter instrumental de la ley: el compromiso al que queda sujeta la autoridad. En ello consiste el valor de la ley del que depende, a su vez, la vinculatoriedad individual. Ambas concepciones no son incompatibles y, como veremos, irán apareciendo en muchos de los problemas que se plantean en relación con la validez de la ley en la democracia constitucional.

Capítulo segundo

POLÍTICA Y LEGISLACIÓN EN EL ESTADO CONSTITUCIONAL DEMOCRÁTICO DE DERECHO

En el capítulo anterior hemos visto que la pretensión histórica del racionalismo político era asegurar a través de leyes generales la protección de ciertas características intrínsecas de los individuos, así como la consecución de un estado de cosas para el conjunto de la comunidad. Puede afirmarse entonces que el origen del constitucionalismo, entendido éste en un sentido muy amplio, encuentra su fundamento en determinadas intuiciones básicas acerca de los individuos y de la sociedad. De lo primero derivaría el reconocimiento o atribución de ciertos derechos y libertades básicas de los individuos: los límites del poder público. De lo segundo, la organización y regulación de las instituciones sociales: quién y cómo debe ejercer ese poder. La Declaración de derechos de Virginia de 1776 y la Declaración de los derechos del hombre y del ciudadano de 1789 representarán en cierto modo la culminación de esta aspiración histórica.

Habíamos visto también que la validez o normatividad de la ley se había hecho depender de su adecuación a esos requisitos sustanciales. Así lo exigían expresamente, por ejemplo, el artículo 3 de la Declaración de derechos de Virginia y el 12 de la Declaración de los derechos del hombre y del ciudadano[1]. Como hipótesis de partida, supondré en este segundo capítulo que la validez de las leyes en la democracia constitucional también está relacionada de algún modo con la continuidad del pacto constituyente.

---

[1] Cfr. Art. 3 *The Virginia Declaration of Rights* y art. 12 de la *Déclaration des droits de l'homme et du citoyen de 1789*. El texto completo de la primera puede encontrarse en: *http://www.constitution.org/bcp/virg_dor.htm*, el de la segunda en: *http://www.a ss.emblee-nationale.fr/histoire/dudh/1789.asp*.

Dado que por su propia naturaleza el pacto no puede asegurar la continuidad en la práctica de los valores que atrinchera, esta parece ser una idea intuitivamente atractiva. Diferenciaré entonces entre la naturaleza política del pacto y su vertiente regulativa o jurídica (apartado 1).

Como quiera que la legislación democrática pertenece obviamente a la vertiente jurídica del pacto, supondré en el apartado 2 que la legitimidad de los parlamentos y la justificación de las decisiones que estos adopten en desarrollo del pacto constituyente deben ser coherentes con este. En este segundo apartado analizaré entonces la relación que entre sí mantienen la dimensión política y jurídica del pacto, o lo que es lo mismo, la dimensión sustancial de la legislación.

Ahora bien, dado que la competencia y el procedimiento que deben seguir los parlamentos para legislar viene regulada siquiera mínimamente por el propio pacto constituyente analizaré en el apartado 3 los requisitos formales de la legislación y la relación de dependencia que se establece entre estos y la dimensión sustancial.

El apartado 4 estará destinado a analizar desde el punto de vista estrictamente conceptual la coherencia y eficiencia de un elemento que paulatinamente ha ido incorporando el constitucionalismo democrático: la justicia constitucional como procedimiento de decisión notoriamente contramayoritario y en principio conjugado con el de decisión parlamentaria.

1. DIMENSIÓN POLÍTICA Y JURÍDICA DEL ACTO SOBERANO DE LEGISLACIÓN. ¿QUÉ CRITERIO DE VALIDEZ?

La promulgación de una constitución democrática es obviamente un acto político. Lo que haya de valioso en la constitución no puede, por tanto, derivarse del propio acto de promulgación. Ciertamente, sería extraño, o cuando menos tautológico, afirmar que lo valioso de la constitución reside en el acto de promulgarla.

Sin embargo, el acto de promulgación también parece ser valioso en sí mismo: ha sido llevado a cabo mediante un procedimiento democrático de decisión y expresa, en consecuencia, la preferencia de la mayoría. Es decir, que las opiniones minoritarias han sido expresadas pero ceden ante la preferencia que se concede a la mayoritaria. Por definición, el acto constituyente implica entonces que el mayor número de manos levantadas en favor de una opción política se impone sobre las preferencias disidentes y estas no se toman en consideración para el acto de promulgación. Es este un dato a tener en cuenta ya que parece indicar que, al menos en el momento de promulgación de la constitución, la prioridad que se concede a la preferencia de la mayoría se adopta como criterio general de la acción política. Es decir, que todas las preferencias cuentan por igual pero como la mayoritaria cuenta con más apoyos tiene prioridad sobre el resto. De ahí que esta preferencia mayoritaria afecte a todos los individuos por igual y no únicamente a los que forman parte de esa preferencia mayoritaria.

Si esto es así, parece que la legislación, en tanto que procedimiento de decisión sucedáneo del pacto constituyente y destinado a dar continuidad al mismo, reconduce a lo que Dworkin (1986: cap. VI y VII) denomina el criterio de integridad. De todas formas, con ser este un aspecto importante no es definitorio. Conviene, por tanto, no separarse de nuestro objetivo inicial: averiguar qué es lo valioso de la constitución democrática y la relación que mantiene en la práctica con la continuidad de la misma.

1.1. Lo valioso de la constitución: la dimensión política

Probablemente exista consenso a la hora de señalar como algo valioso de una constitución democrática la seguridad que esta confiere al tráfico jurídico. La constitución, en efecto, aporta un elevado grado de seguridad jurídica, más elevado al menos del que sería posible alcanzar en su ausencia, dado que habitualmente recoge y garantiza lo que los juristas denominan principios de publicidad, de legalidad o de no retroactividad de las normas sancionadoras.

Ciertamente estos principios jurídicos contribuyen a que sea más sencillo prever las consecuencias que tendrán las acciones individuales y, aumentan las expectativas de que el Estado, el diseño institucional resultante de la preferencia mayoritaria, no irrumpirá arbitrariamente en los planes de vida de cada uno. Es decir, estos principios jurídicos traen causa de una determinada concepción política cuyo núcleo está formado por los valores liberales (Rawls: 1993: 6).

Como es evidente, las constituciones democráticas también incorporan otro tipo de previsiones que dotan de seguridad al tráfico jurídico pero en su mayor parte estas no son privativas de una constitución democrática. Se refieren a funciones que tradicionalmente ha cumplido el Derecho al servicio de cualquier autoridad, fuera esta democrática o no. Pero lo que aquí estamos tratando de averiguar no es lo valioso del Derecho en general o, para ser más precisos, del Derecho constitucional en general, sino lo específicamente valioso de la constitución democrática: aquello por lo que tiene sentido sentirse vinculado con la continuidad de esa práctica.

Un dato importante es, como acabamos de ver, la prioridad que se concede a la preferencia mayoritaria. Dado que tal preferencia es *conditio sine qua non* para la promulgación de la constitución, habrá de encontrarse también entre lo valioso de ella.

1.1.1. *Los argumentos de la prioridad*

Los argumentos con los que justificar la prioridad de la preferencia mayoritaria pueden ser ciertamente muy variados. Otorgar prioridad a la mayoría dota de mayor estabilidad al sistema político jurídico en su conjunto. Esta parece ser una razón importante dado que cualquier sistema se encuentra más legitimado cuando satisface los intereses del mayor número de individuos. Y, si esto es así, facilita sin duda su permanencia en el tiempo. Un sistema estable comporta, además, ventajas notables ya que de este modo es posible emplear para otros fines los recursos que exigiría su constante renovación.

Ahora bien, la estabilidad del sistema político no es una razón que nos informe de por qué se da prioridad a la preferencia mayoritaria. Nos informa, más bien, de una de sus consecuencias, nada desdeñable por cierto. Pero además, y quizá esto sea lo más importante, las razones en favor de la estabilidad del sistema presuponen lo valioso de la constitución democrática. No tendría sentido afirmar, por ejemplo, que la estabilidad de un sistema perverso o ilegítimo es algo valioso, pese a la legitimación que pudiera recibir del apoyo otorgado por la opinión mayoritaria.

La preferencia mayoritaria únicamente indica que existe una opción que cuenta con más apoyos que las restantes. Obviamente esto no quiere decir que ésa sea la mejor de las opciones posibles. Tampoco que de haber sido posible otra fuera esta la preferida por el mayor número de personas. Simplemente indica que es, en las circunstancias en las que se ha adoptado la decisión, la preferencia mayoritaria.

Pero, entonces, ¿por qué nos parece adecuado conceder prioridad a la preferencia mayoritaria? Si esta fuera una propiedad intrínseca de la toma de decisiones debería ser válida para todos los ámbitos. Sin embargo, probablemente no estuviéramos dispuestos a aceptar que se diera prioridad a la preferencia de la mayoría sobre asuntos tales como el mejor tratamiento para una enfermedad o sobre cuál debe ser la técnica a emplear para restaurar una pintura renacentista. En estos, como en tantos otros ámbitos, sencillamente concedemos más importancia a lo que consideramos opiniones expertas. ¿Por qué no ocurre lo mismo con una decisión política de tanta trascendencia como es la promulgación de una constitución y su continuidad en la práctica?

La respuesta que intuitivamente nos apresuraremos a dar es que las decisiones políticas afectan a todos los individuos. Cada individuo debe poder expresar libremente su preferencia para poder consentir después que se dé prioridad a la mayoritaria, entre la cual puede encontrarse la suya o no. De ser así, admitiríamos con Rawls que en determinadas condiciones ideales, como en las que se encontrarían los individuos tras el *velo de la ignorancia*, habría acuerdo a la hora de decidir sobre cuáles son los principios de justicia adecuados para una sociedad política bien ordenada[2]. Los principios de justicia rawlsianos son elegidos, como sabemos, en una situación de incertidumbre tal que el autointerés individual no hace sino reforzar las condiciones mínimas de partida de cada uno[3]. No en vano, como señala Kymlica (1990: 62), el velo de la ignorancia es un test intuitivo de equidad. En una situación tal, la libertad y autonomía individuales son tan valiosas que habría acuerdo en que deben ocupar necesariamente un lugar privilegiado en la etapa subsiguiente, que es la constitucional.

Siguiendo la línea argumental de Rawls podríamos avanzar un poco más y afirmar que en la etapa postconstitucional; es decir, la continuidad en la práctica de la constitución, el procedimiento que prioriza la preferencia de la mayoría goza de mayor calidad epistémica que otros, al menos cuando la decisión se toma en determinadas circunstancias más o menos ideales[4]. No pretendo ignorar con ello los defectos que los críticos han señalado de la posición originaria de Rawls; tampoco la difícil justificación de la mayor

---

[2] Cfr. RAWLS (1971: cap. I.).
[3] Cfr. RAWLS (1971: cap. III) y (1993: I § 4).
[4] *Vid.* NINO (2003), y MARTÍ (2006).

calidad epistémica de las decisiones mayoritarias con la que se enfrentan los deliberativistas[5]. Afortunadamente para lo que pretendo defender no es necesario comprometerse con las tesis más discutidas de uno y otros. Es suficiente con asumir el núcleo común que todos ellos —también sus críticos— defienden: el de la igualdad política.

Ahora bien, aun suponiendo que hay un elevado grado de acuerdo a la hora de asumir que la igualdad política forma parte de ese núcleo valioso de la constitución democrática, no debe ignorarse que dicha igualdad trae causa de algo aun más básico y, en consecuencia, más valioso aún: la igual dignidad de cada individuo.

Si esto es así, y ciertamente sería inconsecuente un sistema político que concediera prioridad a la preferencia mayoritaria al mismo tiempo que niega igual dignidad a los individuos, entre lo valioso de la constitución democrática deberán encontrarse también todos los requisitos que garantizan y fortalecen ese núcleo mínimo que justifica su promulgación. Es decir, que justifican la adopción por mayoría de un pacto político entre individuos que se identifican y reconocen como iguales.

1.1.2. *La razón de la prioridad*

Una constitución genuinamente democrática no solo debe conceder igual peso a cada decisión individual, esta parece ser más bien una condición de su existencia. Debe garantizar, además, la libertad y autonomía necesarias para que cada opinión pueda ser expresada sin que se produzcan interferencias injustificadas de terceros ni, por supuesto, de la autoridad. Es decir, en tanto que la constitución genuinamente democrática presupone igual capacidad de cada uno para decidir, también debe garantizar a cada uno las condiciones mínimas para formar y expresar libremente sus preferencias. De lo contrario, diríamos que la decisión mayoritaria no ha sido adoptada en pie de igualdad aun cuando el procedimiento empleado haya sido el democrático. En definitiva, la constitución democrática debe garantizar no solo el procedimiento de decisión, sino también las condiciones que justifican ese procedimiento y permiten, en consecuencia,

---

[5] Con respecto a lo primero BARRY (1989: cap. II). En relación con lo segundo, ESTLUND (2008, cap. IV), y BAYÓN (2009).

constatar la existencia de un sistema político y jurídico genuinamente democrático.

Una constitución genuinamente democrática expresaría entonces el ideal kantiano de una comunidad política virtuosa en la que a pesar de existir diferentes concepciones del bien, todas ellas conviven bajo un principio general que garantiza a cada individuo la igual libertad y autonomía necesarias para formar sus planes de vida y expresar sus preferencias en idénticas condiciones que el resto. Lo valioso de la constitución genuinamente democrática, lo que hace virtuosa a esta forma de organización política, va entonces desde lo individual a lo colectivo, del individuo a la comunidad o, como afirma Parfitt (1984: 92) de cada uno a nosotros. Si esto es así, el pacto constitucional atrinchera los valores que subyacen o son constitutivos de una genuina democracia. Es decir, el núcleo o patrón de excelencia de la democracia constitucional.

Ahora bien, cuando nos referimos a la constitución democrática no pensamos, por lo general, en los valores constitutivos de la misma, en ese núcleo mínimo que constituye su patrón de excelencia. Más bien hacemos referencia a un documento bastante heterogéneo que suele incluir una carta de derechos y libertades, principios rectores de la política, normas que otorgan competencias a determinados órganos para tomar decisiones, además de otras cuestiones que los constituyentes consideran conveniente resguardar de algún modo frente a puntuales preferencias mayoritarias. Este tipo de referencias al documento constitucional es especialmente usual en el lenguaje que emplean los juristas. La constitución se entiende así como un texto jurídico, el más importante quizá, que necesariamente debe ser interpretado. Esta dimensión jurídica es en mi opinión indesligable de la política. Pero como quiera que una vez promulgada la constitución adquiere una importancia sobresaliente en los arreglos institucionales, merece también que nos detengamos en algunas consideraciones sobre ella.

1.2. La dimensión jurídica de la constitución

Ciertamente la dimensión jurídica es la que adquiere mayor notoriedad una vez que el documento constitucional ha sido promulgado. Evidentemente hasta ese momento no hay constitución. Hay simplemente un texto en el que se recoge el acuerdo o pacto político cuyos fundamentos son, como hemos visto, la igual dignidad y autonomía de cada individuo.

Es necesaria, por tanto, la ratificación mayoritaria del *demos* para que el documento constitucional sea promulgado formalmente y cobre así efectos frente a todos y cada uno.

En lo que sigue me limitaré a analizar únicamente aquellos aspectos de la constitución que están directamente relacionados con la legislación por ser esta la fase subsiguiente a la constitucional y, en consecuencia, el auténtico test de prueba del pacto político. Analizaré, por tanto, los aspectos procedimentales y sustantivos que afectan a la toma de decisiones parlamentarias. Es decir, por una parte, las normas de competencia y procedimiento y, por la otra, las que enuncian los derechos y libertades, en tanto que estas restringen las posibilidades de decisión. Pero antes de continuar quizá resulte conveniente realizar un par de aclaraciones previas relacionadas ambas con la vinculación o dependencia en la que se encuentran ambas vertientes de la constitución, la política y la jurídica.

1.2.1. *La dirección de ajuste y la restricción de la decisión*

La primera tiene que ver con la diferente dirección que siguen una y otra dimensión o vertiente constitucionales. Así, mientras la primera, la dimensión política, adquiere una dirección ascendente, va del individuo a la comunidad, desde el cada uno al nosotros; la jurídica camina en dirección opuesta, va desde la comunidad al individuo, desde el nosotros a cada uno. Creo que esta es una asunción compartida por cualquier teoría de la democracia que admita un mínimo de rigidez. Es decir, que puede ser asumida por cualquiera que afirme que hay algo valioso en la constitución genuinamente democrática y que aquello que constituye su patrón de excelencia merece una deliberación más compleja y, por tanto, una rigidez mayor que el resto. La dirección de la vertiente jurídica es, en efecto, descendente. Una vez promulgada la constitución escrita, o lo que es lo mismo, una vez ratificada por la mayoría del demos —la mayoría del cada uno—, esta sirve como criterio de identificación de las leyes; de las decisiones políticas adoptadas por todos y que afectan a cada uno.

La segunda aclaración tiene que ver con el *Bill of Rights* y la rigidez constitucional. Dado que la previsión de ciertos derechos y libertades individuales supone necesariamente algún grado de rigidez constitucional y, en consecuencia, una restricción del ámbito de decisión por mayorías, ambas cobran únicamente sentido en la dimensión jurídica de la constitución. Sería inútil, sin embargo, tratar de encontrar su justificación en esta dimensión por la sencilla razón de que incurriríamos así en el problema de la autorreferencia normativa[6]. La justificación de la jerarquía y la restricción que conlleva debe buscarse entonces en el propio atrincheramiento de aquello que constituye el patrón de excelencia de la democracia constitucional. Es decir, en la vertiente política.

No cabe duda de que si la adopción de decisiones a través de un procedimiento democrático en pie de igualdad es algo valioso, cualquier restricción que se imponga al mismo es, como señala Bayón (2004: 109), *prima facie* disvaliosa. Se plantea de este modo la que ha sido denominada objeción democrática al constitucionalismo. Se han propuesto diferentes vías de escape a esta objeción[7]; Rawls y Habermas, aunque ciertamente con argumentos sensiblemente diferentes, han señalado por ejemplo la co-originalidad de los dos ideales que atrinchera la democracia constitucional[8]. Es cierto, sin embargo, que ello conduce a una paradoja entre los derechos y el procedimiento de decisión que ha sido magistralmente expuesta por Nino.

La paradoja a la que se refiere Nino, expuesta muy esquemáticamente consiste en lo siguiente:

i) Dado que los derechos y libertades son considerados precondiciones de la democracia, el respeto de los mismos «promueve y provee el valor epistémico de la democracia»[9].

ii) Cuanta más amplitud tengan estos derechos y libertades y mayor sea la garantía que se otorgue a los mismos, el sistema gozará de mayor grado de legitimidad.

iii) Pero ello implica restringir el proceso de decisión y, en consecuencia, reducir el número de «cuestiones a ser resueltas por la democracia»[10].

Entre nosotros esta paradoja ha sido objeto de suficiente análisis por parte de Martí y de Bayón, así que no me detendré en consideraciones detalladas sobre ella[11]. Únicamente me interesa señalar lo siguiente:

---

[6] Cfr. Ruiz Miguel (1988), y Atienza y Ruiz Manero (1996).
[7] En relación con la objeción democrática *vid.* Bayón (2004: 75 ss.).
[8] Cfr. Rawls (1993: 412-13), y Habermas (1992: 252).
[9] Cfr. Nino (1996: 192).
[10] Cfr. *id.*, 193.
[11] Cfr. Martí (2006: 115 ss.), y Bayón (2004: 77 ss.).

a) Que procedimiento democrático y valor epistémico no son necesariamente coincidentes [12].

b) Que en opinión de Nino la paradoja puede evitarse, o al menos suavizarse como afirma Martí, si es posible encontrar un equilibrio entre las precondiciones de la democracia y el procedimiento de decisión [13].

c) Lo anterior implica aceptar, a mi modo de ver, que aunque el procedimiento de decisión posee valor en sí mismo, es al fin y al cabo instrumental con respecto a las precondiciones de la democracia.

d) Un diseño institucional consecuente con la democracia constitucional debe alcanzar, por tanto, el punto más alto de equilibrio posible entre ambos ideales [14].

Así pues, asumiré que ya sea más o menos extenso el catálogo de derechos y libertades expresados en el *Bill of Rights* —y obviamente puede variar de un modelo a otro de constitución democrática— constituyen la traducción jurídica del patrón de excelencia. Es decir, especificaciones de:

i) la igual dignidad de cada individuo;

ii) la garantía de iguales condiciones de partida consecuentes con lo anterior;

iii) la garantía de que cada uno puede formar y expresar sus opiniones y preferencias políticas libre y autónomamente; y

iv) la existencia de una estructura social destinada a proporcionar y garantizar la existencia y mantenimiento de estas precondiciones a cada individuo.

Ahora bien, esto quiere decir que la rigidez es consecuente con el atrincheramiento de la igual dignidad y autonomía política del cada uno frente al nosotros, pero con nada más. Si suponemos, en efecto, que el atrincheramiento garantiza esto parece inconsecuente imponer restricciones a las decisiones futuras del nosotros que no les afecten. Es decir, si consideramos que cada uno puede seguir decidiendo autónomamente en pie de igualdad el resto de restricciones carece de justificación. Lo que indica, a mi modo de ver, que resultan más acordes con una genuina democracia constitucional las constituciones abiertas que las de detalle. Especialmente

---

[12] Cfr. Bayón (2009: 199 ss.).

[13] Cfr. Nino (1996: 193-4), y Martí (2006: 125).

[14] Cfr. Bayón (2004: 127 ss.).

cuando la preferencia por el detalle va acompañada de cláusulas de rigidez que son inconsecuentes con el patrón de excelencia.

Una vez hecho este par de salvedades, me ocuparé, como antes había dicho, de las normas competenciales y procedimentales así como de las que enuncian los derechos y libertades.

1.2.2. *Las normas de la decisión*

Ambos tipos de normas afectan al proceso de decisión pero lo hacen de forma diferente: mientras las primeras indican quién y cómo debe decidir, constituyen el órgano y el procedimiento que debe seguirse para adoptar decisiones válidas; las segundas se refieren al qué de la decisión. No al qué no, como afirma Ferrajoli. Es decir, no impiden que se decida sobre ellas sino que exigen que se haga de conformidad con ellas o, como dice Bayón «qué no se puede dejar de decidir» [15].

Conjuntamente consideradas, estas normas definen la práctica legislativa. Ahora bien, en tanto que esta práctica es constituida y regulada en la constitución, es también necesaria para su progresivo desarrollo temporal. Y ello con independencia de lo genuinamente democrática que sea la constitución escrita resultante del pacto político. Sin legislación no hay desarrollo constitucional, no hay continuidad de la práctica constituida.

Todo parece indicar que la legislación es entonces una práctica comprometida, políticamente comprometida. Lógica y temporalmente da inicio al procedimiento de decisión que va del nosotros a cada uno. La justificación de las obligaciones que dicha decisión impone a cada uno se encuentra, por tanto, en el criterio de excelencia atrincherado en el pacto. Ahora bien, como la obligación que impone la decisión legitimada políticamente tan solo tiene sentido en términos jurídicos: lógicamente debe existir al menos una decisión que pueda reconocerse de acuerdo con las normas constitutivas para poder hablar de práctica constitucional; será conveniente examinar con un poco más de detenimiento los dos tipos de normas que afectan al procedimiento de decisión.

---

[15] Cfr. Bayón (2004: 76).

Sabemos ya que uno y otro tipo de normas permiten reconocer las decisiones adoptadas válidamente por el nosotros. Son, por tanto, el criterio de identificación de las leyes. Las primeras constituyen el criterio de autoridad: nos informan de quién tiene competencia para decidir y cómo debe proceder para hacerlo válidamente. Podría decirse entonces que estas normas expresan la *condición de regularidad* de la decisión. Las segundas enuncian los derechos y libertades que resguardan la igual dignidad y autonomía individuales, el criterio de excelencia del pacto: nos dicen, por tanto, por qué está justificada la decisión regularmente adoptada y, como consecuencia de ello, constituyen una razón para aceptar la obligación que la decisión del nosotros impone a cada uno.

En tanto se mantengan esas condiciones mínimas que dan sentido a la preferencia agregativa, a la decisión entre iguales; es válida y vinculante para cada uno la decisión adoptada regularmente por la representación del nosotros. Consecuentemente con ello podríamos decir que estas normas atrincheran la *condición de persistencia* del pacto. Si esto es así, podremos suponer entonces que la carta de derechos y libertades representa una *conditio sine qua non* de la decisión y, en consecuencia, goza de prioridad lógica sobre las normas de competencia y procedimiento. Esto parece indicar, a su vez, que estas últimas son instrumentales con respecto a aquella. Este carácter instrumental es por su parte independiente del valor intrínseco que quepa atribuir al propio procedimiento de decisión que, como ocurría con los derechos y libertades expresados por el *Bill of Rights* puede también variar de un modelo de democracia constitucional a otro o responder, incluso dentro un mismo modelo, a diferentes diseños institucionales. Ciertamente, el mayor o menor valor intrínseco del procedimiento no lo hace menos instrumental, aunque sí más o menos consecuente con una genuina democracia constitucional.

Ahora bien, ambos tipos de normas tan solo adquieren sentido una vez iniciada la práctica constituida, es decir, si existe al menos una decisión adoptada y reconocible de acuerdo con ellas. Y dado que con ello da comienzo la dinámica jurídica parece conveniente comprobar qué características poseen estas normas.

Si la suposición anterior es acertada, la teoría de las normas jurídicas debería señalar también algún tipo de diferencia entre ellas. Sin embargo, si reparamos en el lenguaje en el que están expresadas, el estatus que ocupan dentro de una concepción sistémica del ordenamiento jurídico o la función que desempeñan dentro de él, aspectos todos ellos fundamentales para cualquier teoría normativa, antes que diferencias tan solo encontramos características comunes en uno y otro tipo de normas. Aún así creo que es conveniente detenerse un poco más en el análisis de estas características comunes.

1.2.3. *El lenguaje de las normas*

Uno y otro tipo de normas están, en efecto, formuladas en lenguaje natural. Todas ellas adolecen, por tanto, de la vaguedad y ambigüedad propias de este tipo de lenguajes. Aun así, los juristas acostumbran a hacer distinciones entre ellas tomando precisamente como referencia el lenguaje. Ahora bien, si estar expresadas en lenguaje natural es una característica común a ambos tipos de normas tales diferencias no pueden resultar del lenguaje mismo, aunque quizá sí de alguna distinción que pueda realizarse a partir de él.

La teoría jurídica asume que la vaguedad y ambigüedad propias de los lenguajes naturales son problemas a los que ineludiblemente debe enfrentarse toda interpretación de textos jurídicos. En nuestro caso los problemas derivados de ello son aún más importantes ya que estamos tratando precisamente con las normas que sirven como criterio de identificación de las leyes.

En principio sabemos por la filosofía del lenguaje que los problemas que se derivan de una y otra son diferentes. La ambigüedad se refiere a los problemas que presenta un término al que se atribuyen diferentes significados en el contexto de una comunidad lingüística. A problemas, por tanto, que pueden ser resueltos en función del propio contexto lingüístico y la situación pragmática. La vaguedad, por el contrario, no afecta al significado de las palabras sino que apunta a un problema de mayor calado: la indeterminación de la extensión del concepto, aun cuando su intensión, sus propiedades definitorias, esté claramente delimitada [16]. Sabemos, además, que pese a ser estos defectos intrínsecos de los lenguajes naturales; es decir, que si bien cualquier concepto es potencialmente vago dado el desconocimiento que tenemos de las propiedades definitorias que podrá adquirir en el futuro [17], no todos lo son en igual grado o intensidad. Hay

---

[16] Cfr. Vilajosana (2010b: 158).

[17] Lo que habitualmente se conoce como vaguedad intensional (Carnap, 1960) o textura abierta del lenguaje (Waismann, 1951: 119).

conceptos más vagos e indeterminados que otros; conceptos esencialmente controvertidos[18].

¿En qué afectan a nuestra suposición estas diferencias que la teoría jurídica ha ido incorporando a través de la filosofía del lenguaje? ¿La fortalecen o la debilitan? Habíamos supuesto que los derechos y libertades contenidos en el *Bill of Rights* gozan de prioridad lógica sobre las reglas de competencia y procedimiento. Se trataba de encontrar dentro de esta primera característica común de ambas alguna distinción procedente de la teoría jurídica que la confirmara. La vaguedad del lenguaje y los conceptos esencialmente controvertidos pueden ser entonces de utilidad para nuestro propósito.

Uno y otro tipo de normas comparten, en efecto, la propiedad de estar expresadas en lenguaje natural. Pero las que enuncian los derechos y libertades, a diferencia de las que indican quién tiene competencia y cuál el procedimiento que debe seguirse para decidir, parecen ser más sensibles a estas características intrínsecas del lenguaje natural. Ello se debe a que el *Bill of Rights* incorpora conceptos morales especialmente complejos, o densos como los denomina Williams (1985: cap. 8). Conceptos esencialmente controvertidos cuya dilucidación en casos concretos exige manejar argumentos morales. Pero esto, si bien resulta coherente con la función que desempeña la carta de derechos y libertades, que era, recordémoslo, resguardar el criterio de excelencia del pacto, no confirma ni desmiente nada aún con respecto a la suposición anterior. A lo sumo nos informa de que en caso de duda de sus respectivas condiciones de aplicación los argumentos a emplear para resolverlas son diferentes: morales en el primer caso y de otro tipo en el de las segundas.

Será necesario, por tanto, seguir indagando en el resto de características comunes a ambos tipos de normas por si resultara de ellas alguna otra diferencia que contribuya a fortalecer nuestra suposición.

1.2.4. *El sistema de normas*

Es común en teoría del Derecho describir la dinámica propia de los ordenamientos jurídicos al modo de sistemas normativos. Las normas que

---

[18] Cfr. GALLIE (1955-56), y WALDRON (1994).

integran el ordenamiento no solo forman un conjunto normativo sino que ese conjunto se encuentra además ordenado, existe algún tipo de relación jerárquica entre ellas. Podría ser posible entonces encontrar dentro de los criterios de ordenación alguno que fortaleciera nuestra suposición anterior. Para ello será conveniente comenzar por comprobar el lugar que ocupan ambos tipos de normas en la jerarquía sistémica.

El análisis de la vertiente política de la constitución indicaba que todas las normas constitutivas del pacto eran instrumentales con respecto al criterio de justicia. Había supuesto, en consecuencia, que las normas que enuncian los derechos y libertades, gozaban de prioridad lógica sobre las que indican la competencia y el procedimiento a seguir para tomar decisiones. Se trata ahora de comprobar si el lugar que ocupa uno y otro tipo de normas en la jerarquía del sistema permite seguir manteniendo tal suposición.

Desde el punto de vista de la teoría jurídica todas las normas constitucionales gozan del mismo estatus. Todas ellas son, como indica Caracciolo (1988: 30), normas independientes. Son, por tanto, asistemáticas y pueden ser enunciadas haciendo uso de un criterio extensional: $N_1, N_2, N_3....N_n$. Es decir, no es necesario acudir a criterios jerárquicos cuya relación vendría necesariamente definida por el sistema normativo. Parece, pues, que tampoco será posible encontrar en la concepción sistémica del ordenamiento jurídico apoyo para nuestra suposición.

Ahora bien, si se acepta el criterio extensional que propone Caracciolo se admite con ello que existe al menos uno para reconocer tales normas. Es decir, que se dispone al menos de un criterio de identificación de las normas independientes. Podríamos pensar que este criterio es, en tanto que extensional, descriptivo de las normas y, en consecuencia, susceptible de ser verdadero o falso. No parece, sin embargo, que Caracciolo haga uso del lenguaje descriptivo en este punto, sino más bien de un criterio *adscriptivo* de identificación a través del cual simplemente se enuncia que las normas $N_1, N_2, N_3....N_n$. son las normas independientes del sistema, con lo cual no tiene sentido predicar verdad o falsedad de este enunciado[19]. Por lo que parece que tampoco aquí encontraremos apoyo para nuestra suposición.

---

[19] Agradezco a Josep Maria Vilajosana la aclaración en relación con la diferencia entre uno y otro criterio de identificación.

El criterio empleado por Caracciolo es, sin embargo, coincidente en algún aspecto importante con el que utiliza Hart (1961: 60-1) para referirse a ese fenómeno complejo que incluye la actitud de funcionarios y ciudadanos, y mediante el cual es posible constatar la continuidad de la autoridad legislativa: la regla de reconocimiento. Un criterio, cuya verdad o falsedad depende de la verdad o falsedad de esa actitud; o lo que es lo mismo, de la práctica. Y esto, como se recordará, es precisamente lo que se pretende con el pacto político: constituir una práctica comprometida con el criterio de excelencia que resguarda. Podríamos decir entonces de acuerdo con Hart que la razón que justifica la elección de un criterio adscriptivo, como el que propone Caracciolo, se encuentra en los valores que resguarda el núcleo de excelencia del pacto político. De ser esto correcto, el criterio extensional al que se refiere Caracciolo fortalecería nuestra suposición anterior y no habría mayor problema en aceptar que los derechos y libertades gozan de prioridad lógica sobre las normas de competencia y procedimiento.

Pero el propio Caracciolo (1991: 301) nos advierte del peligro que acecha tras la ambigüedad del verbo «reconocer» de la regla hartiana, cuya acción puede entenderse al menos en dos sentidos diferentes. En primer lugar, dice Caracciolo, reconocer «significa la operación de *identificar* una norma, la que tiene un carácter cognoscitivo y presupone el uso de un criterio conceptual». Y añade que «además, *reconocer* una norma es lo mismo que *aceptarla*, esto es, considerar su contenido como pauta de comportamiento correcto»[20]. De acuerdo con Caracciolo, hay al menos dos sentidos en los que se puede entender el término reconocimiento. El primero se refiere a una operación intelectual de identificación, que denominaré sentido débil. Y el segundo que implica, además de esa operación intelectual, la aceptación de la norma; la actitud práctica. Llamaré a este segundo sentido comprometido, o sentido fuerte. Nuestra suposición anterior venía fortalecida por este segundo sentido. Veamos si ocurre lo mismo con el sentido débil.

Según Caracciolo, el sentido débil de reconocer, la operación de identificar una norma, presupone el uso de un criterio conceptual que bien puede ser extensional o también un criterio de justicia o moral. Susceptible

---

[20] Caracciolo, 1991: 301. Cursivas en el original. Ahora también incluido en *El Derecho desde la filosofía*, Madrid, Centro de Estudios Políticos y Constitucionales, 2009, pp. 81-95, pp. 86-7, por donde se citará en adelante.

en ambos casos a discusión y controversia. Pero lo que Caracciolo exige es que el criterio sea conceptual, no indiscutido o no controvertido.

De todas formas, el grado de controversia del criterio no afecta al interés inmediato de la argumentación. Nuestra suposición anterior consistía en que las normas que enunciaban los derechos y libertades gozaban de prioridad lógica sobre las de competencia y procedimiento y, en consecuencia, que las segundas eran instrumentales con respecto a las primeras. El grado de controversia del criterio no afecta entonces a nuestra suposición ya que lo controvertido del mismo no invalida la prioridad de unas sobre otras. El grado de controversia, tiene importancia, sin embargo, a otros efectos como veremos en siguiente capítulo. Pero para no entorpecer el hilo de la argumentación, basta por ahora con comprobar que también desde este sentido débil de reconocimiento se fortalece nuestra suposición anterior.

Desde la concepción sistémica, y mediante el criterio de identificación de las normas independientes que defiende Caracciolo, tanto en el sentido fuerte como en el débil del término reconocimiento, parece confirmarse nuestra suposición de que las normas que enuncian los derechos y libertades gozan de prioridad lógica sobre las de competencia y procedimiento. Y, si esto es así, las primeras, como había dicho, son *conditio sine qua non* de las segundas: porque aquéllas resguardan el criterio de excelencia de la democracia constitucional, adquieren sentido la competencia y el procedimiento constituidos para decidir conforme al mismo.

Pero si de esta segunda característica que comparten ambos tipos de normas sale reforzada nuestra posición, veamos que ocurre con la tercera.

1.2.5. *El criterio de identificación de las normas subsiguientes*

La tercera gran característica que uno y otro tipo de normas tienen en común está en parte relacionada con la concepción sistémica del ordenamiento jurídico. Todas ellas son, como habíamos visto, normas independientes. Para identificarlas, a falta de un criterio jerárquico cuyas propiedades deben venir definidas necesariamente por criterios internos del sistema, había recurrido al criterio de identificación propuesto por Caracciolo. Mediante él era posible reconocerlas, en los dos sentidos del término «reconocimiento», como constitutivas de la práctica constitucional.

Ahora bien, tales normas carecen de criterio de validez. Son independientes y, en consecuencia, ni válidas ni inválidas. De acuerdo con el criterio extensional que servía de base a la regla de reconocimiento hartiana podría considerarse, a lo sumo, que la práctica se ajusta o no al criterio de reconocimiento. De ocurrir lo último nos encontraríamos entonces ante una práctica diferente y sería necesario modificar el criterio extensional. Pero ello no afecta a nuestro argumento. Dado que para la concepción sistémica del ordenamiento jurídico el criterio de validez viene definido por el propio sistema, es posible concluir que las normas independientes, sean las que sean, son el criterio de validez de las restantes que, de acuerdo con la terminología empleada por Caracciolo, denominaré normas dependientes.

Pero lo que se trataba de comprobar no era el criterio de validez sistémico, sino de qué modo afectaba esta característica común a la suposición anterior de que las normas que enuncian los derechos y libertades gozan de prioridad lógica sobre las de competencia y procedimiento.

Nuestra suposición se basaba, recordémoslo, en que las primeras resguardan el criterio de excelencia del pacto y, en consecuencia, las segundas son instrumentales con respecto a ellas. Ahora bien, si las normas independientes son en conjunto el criterio de validez de las dependientes no es posible, al menos no con respecto a estas últimas, establecer prioridad alguna entre ellas. Por definición, toda norma dependiente, para ser considerada válida, debe adecuarse tanto a unas como a otras. Si una, o ambas por separado, sirvieran indistintamente como criterio de validez diríamos que es ése el genuino criterio de validez y no ambos conjuntamente. Sin embargo, que sendos tipos de normas sean en conjunto el criterio de validez de las normas dependientes no fortalece nuestra suposición pero tampoco la debilita. Ciertamente, que uno y otro tipo de normas sean en conjunto el criterio de validez de las restantes no quiere decir que no pueda haber entre ellas prioridad lógica, que podría ser identificada, por ejemplo, mediante una cláusula de interpretación, como de hecho ocurre con el artículo décimo de la Constitución española o el artículo primero de la XIV Enmienda a la Constitución estadounidense.

Nuestra suposición no sale, por tanto, debilitada del análisis de estas tres grandes características que ambos tipos de normas tienen en común. Más bien se ve reforzada por la segunda de ellas por lo que en principio es posible seguir manteniéndola. Pero lo que se trataba de comprobar no era, o no solo, la verdad o falsedad de la suposición. Nuestro interés inicial era averiguar si la teoría jurídica señalaba también alguna diferencia sustancial entre uno y otro tipo normas que permitiera afirmar, como ocurría desde la vertiente política de la constitución, que la decisión adoptada regularmente por el nosotros es vinculante para cada uno porque se mantiene el criterio de excelencia del pacto constitucional que dota de sentido a la preferencia agregativa de la mayoría.

Quizá convenga entonces hacer una breve recapitulación de lo visto hasta aquí para comprobar el alcance de las diferencias entre ellas.

1.2.6. *Recapitulación*

Del análisis de las tres grandes características que las normas independientes tenían en común es posible destacar algunas particularidades y diferencias entre unas y otras.

i) *Por el grado de vaguedad*. Las normas que enuncian los derechos y libertades son, como vimos, más sensibles al grado de vaguedad del lenguaje debido a que incorporan conceptos morales o densos. Conceptos esencialmente controvertidos cuya dilucidación en casos concretos exige, por tanto, una argumentación moral. Las que regulan la competencia y el procedimiento son por el contrario más precisas o, si se prefiere, tienen un criterio de aplicación más definido.

ii) *Por el criterio de reconocimiento*. Uno y otro tipo de normas son las normas independientes del sistema. Identificables mediante un criterio adscriptivo como el extensional que propone Caracciolo. Debido a la ambigüedad del término reconocimiento tal identificación podía entenderse al menos en dos sentidos. Uno fuerte o comprometido, o hartiano, que implicaba la actitud práctica de aceptación de la norma; y otro débil o de carácter cognoscitivo, que conllevaba el uso de algún criterio conceptual que, como dije, podía sustentarse en un criterio de justicia o moral: el de igual dignidad y autonomía para decidir de cada individuo, por ejemplo. En cualquiera de ambos sentidos es posible reconocer la prioridad de las normas que enuncian los derechos y libertades sobre las que establecen la competencia y regulan el procedimiento.

En el sentido fuerte, porque la regla de reconocimiento hartiana, a pesar de su complejidad, permite constatar esa actitud convergente de aceptación. Al menos de aceptación en el sentido jurídico. Es decir, que la constatación de la continuidad de la autoridad legislativa indica que son usadas por legisladores, funcionarios y ciudadanos como criterio de justificación de sus acciones, como razones para actuar. Cierto es que las razones de ese uso pueden ser en principio muy variadas, por ejemplo razones instrumentales. Pero ello no impide reconocer la prioridad de unas sobre otras en la práctica de identificación. En el segundo sentido, o débil, porque si se admite que puede servir como criterio conceptual de identificación un criterio de justicia o moral, las normas de competencia y procedimiento son instrumentales —obviamente pueden ser también más o menos acordes con dicho criterio, pero esto no resta nada a su carácter instrumental— con respecto a ese criterio de justicia. Y aunque ciertamente el uso de un criterio moral puede arrojar en el razonamiento individual razones bien diferentes para la acción, incluso para seguir un curso de acción totalmente diferente; aquí estoy presuponiendo, como se recordará, que es dicho criterio de justicia el empleado para reconocer la continuidad de la práctica constitucional. Es decir, que ha sido utilizado en ese sentido para identificar como válida al menos alguna decisión del todos que es vinculante para cada uno.

iii) *Por ser el criterio de validez de las normas dependientes.* Ambos tipos de normas, como habíamos visto también, son normas independientes del sistema y, por tanto, carecen de criterio de validez. Pero como quiera que desde la concepción sistémica del ordenamiento jurídico el criterio de validez viene definido internamente, son tales normas las que constituyen el criterio de validez de las restantes, de las normas dependientes. Es decir, se da inicio con ellas a la cadena de validez del sistema jurídico por lo que toda norma dependiente, para poder ser identificada como norma válida, debe haber sido aprobada de acuerdo con unas y otras.

A partir de este análisis básico y de las diferencias que es posible constatar entre uno y otro tipo de normas, tanto a nivel lingüístico como conceptual, creo que se puede afirmar que el problema de la validez de las leyes en la democracia constitucional es un problema complejo. Esta complejidad trae causa de la vaguedad lingüística de los conceptos densos o controvertidos que incorporan en mayor o menor grado todas las normas jurídicas y, en especial, las que enuncian los derechos y libertades, a lo que hay que añadir la ambigüedad propia del término reconocimiento. Tal complejidad se traduce, por lo pronto, en la diferente estructura de estas normas. Más abiertas, o con criterios de aplicación menos definidos, las que enuncian los derechos y libertades que las que señalan la competencia y el procedimiento para decidir. En la literatura jurídica es usual distinguir entre unas y otras, siguiendo el criterio utilizado por Dworkin, bajo la denominación de principios y reglas, lo que plantea a su vez no pocos problemas teóricos.

Para hacer frente al problema complejo de la validez, que afecta de lleno al procedimiento de decisión, por eso es un problema jurídico, suelen emplearse dos estrategias diferentes. Una hace referencia a lo decidido, la otra a cómo se ha decidido. La primera concede prioridad al contenido de la decisión, la segunda al procedimiento. Podría pensarse que la primera, la que concede prioridad al contenido de la decisión, es más adecuada con el diseño institucional de la democracia constitucional y, desde luego, más acorde con la suposición anterior de que las normas que enuncian los derechos y libertades tienen cierta prioridad lógica sobre las que indican la competencia y el procedimiento para decidir. Pero probablemente esta conclusión sea demasiado precipitada ya que, como se recordará, la suposición traía causa de la vertiente política de la constitución y es, por tanto, el reflejo jurídico de la prioridad lógica que tienen los derechos y libertades sobre el resto de normas que establecen el procedimiento para decidir. Es decir, las condiciones que garantizan la igual dignidad moral de cada individuo para formar y expresar sus preferencias. Ahora bien, aun siendo instrumental el procedimiento de decisión con respecto a los valores que atrinchera el pacto constitucional, no se debe olvidar que uno y otro tipo de normas son constitutivas de dicho procedimiento y en consecuencia necesarias para considerar válida toda decisión adoptada por el nosotros. Sería conveniente, por tanto, encontrar alguna forma de reconciliar ambas estrategias ya que cada una de ellas por separado arroja respuestas parciales a un problema complejo que afecta al núcleo mismo de la democracia constitucional.

2. LEGITIMIDAD DEMOCRÁTICA Y JUSTIFICACIÓN DEL DESARROLLO LEGAL DE LA CONSTITUCIÓN

La afirmación de que los parlamentos constitucionales gozan de legitimidad democrática para dictar leyes, decisiones del nosotros que afectan a cada uno, puede servir para mostrar con más claridad el defecto de parcialidad en el que, a mi juicio, incurren ambas estrategias con respecto a la validez de las leyes en la democracia constitucional. Tanto la teoría democrática como la práctica jurídica asumen sin mayores problemas tal afirmación. Pero lo hacen por razones diferentes o al menos por razones que se presentan de forma diferente, lo que no siempre es lo mismo.

La legitimidad parlamentaria proviene, para la teoría democrática, del valor que cabe atribuir a la decisión mayoritaria adoptada en pie de igualdad por los participantes. Aunque, ciertamente, a partir de aquí el debate acerca de si tal valor es intrínseco al procedimiento o tan solo instrumental con respecto al conjunto de valores básicos ha generado un amplio e ilustrador análisis de las virtudes y defectos de ambas posiciones, que en sus extremos podrían ser calificadas de sustancialismo y procedimentalismo estrictos como los denomina Bayón (2004: 121 ss.), o radicales como hace Martí (2006: 141).

Así, defenderían posiciones sustancialistas más o menos estrictas o radicales las que anudan a la «premisa mayoritaria», como es el caso paradigmático de Dworkin (1997: 17), ciertas condiciones para ejercerla, o los que de un modo u otro sostienen la tesis de la co-originalidad[21]. Las posiciones procedimentalistas estrictas defienden por el contrario la prevalencia del procedimiento sobre cualquier condición sustantiva, como es el caso de Hampshire (1989: 81 ss.) o, como mucho, que este queda supeditado a ciertos principios estructurales básicos como el derecho político y la libertad para expresarlo como ocurre con Ely (1980: 105 ss.) y lo que Waldron (1999: 232) denomina el «derecho de los derechos». Lo que por de pronto implica en cualquiera de estos casos reconocer algún valor intrínseco al propio procedimiento.

A pesar de las divergencias existentes entre ambas corrientes extremas y sus posiciones intermedias[22], creo que todas ellas admiten que el principio de igual dignidad y autonomía individual es consustancial a cualquier procedimiento de decisión mínimamente democrático. De lo contrario no se acierta a ver muy bien por qué la preferencia mayoritaria puede llegar siquiera a computarse como tal, es decir, como agregación de preferencias individuales con idéntico peso. Quizá por ello resulten más adecuadas aquellas estrategias que, como ocurre con las que defienden Bayón o Martí, reconcilian el valor intrínseco de los derechos y el del procedimiento. Aunque con ello quizá se vea definitivamente desmentida nuestra suposición anterior de que las normas que enuncian los derechos y libertades gozan de preferencia lógica sobre las de competencia y procedimiento. De todas formas, para no apartarnos del hilo de la argumentación principal no

---

[21] Cfr. Cohen (1989, 1996: 405 ss.); Rawls (1996: 413), y Habermas (1992: 192-3 y 252).

[22] Ilustrativamente expuestas con análisis de los problemas respectivos que presentan sus versiones más extremas en Martí (2006: 138 ss.) al que remito.

conviene ocuparse ahora de este problema. Basta por ahora con retener la advertencia de Ernesto Garzón Valdés al que seguiré en este apartado:

> «Sin un recurso normativo más fuerte [...] no parece posible obtener una base valorativa que nos permita decir cuándo un Estado posee no solo legitimación sino también legitimidad»[23].

Lo que aquí interesa es la legitimidad democrática del parlamento para aprobar leyes, o lo que es lo mismo, para dar continuidad en la práctica al pacto constitucional. Es preciso, por tanto, disponer de un criterio de legitimidad independiente de la práctica ya que de lo contrario probablemente incurriéramos en el error conceptual de confundir dos planos diferentes aunque emparentados como son el de legitimación por una parte y el de legitimidad por otra[24].

De todas formas, y a pesar de la amplia carga valorativa que pueden comportar ambos conceptos[25], cuando se refieren al ámbito del poder están estrechamente relacionados, como advierte Bayón, con los de autoridad *de facto* y autoridad *de iure*. La legitimación haría así referencia a la aceptación de las obligaciones que impone la autoridad, mientras que la legitimidad expresaría «la aceptación de razones para hacer lo que ordene»[26]. La legitimidad en tanto que concepto normativo afecta al origen y al ejercicio del poder, la legitimación, sin embargo, sería simplemente una cualidad sobrevenida de este. Podría ciertamente darse el caso de que un poder ilegítimo en origen se viera posteriormente legitimado por la aceptación de los destinatarios de las obligaciones que impone sin importar cuáles fueran las razones esgrimidas para imponerlas. Por lo que parece, ambos conceptos se encuentran entonces relacionados con el concepto de deber en los dos sentidos del término. El poder legítimo es aquel con capacidad para imponer deberes no solo en el sentido débil, como sucede con

---

[23] Cfr. GARZÓN VALDÉS (1992: 506).

[24] Ernesto Garzón Valdés ha insistido en la necesidad de diferenciar claramente entre uno y otro; cfr. GARZÓN VALDÉS (1988: 515), (1989: 326 ss.), (1992: 506). Asimismo puede encontrarse un análisis de ambos términos en CASTIGNONE (1977: 30 ss.) y (1985: 17). En relación con la noción de legitimidad de los sistemas jurídico-políticos, LAPORTA (1989: 282 ss.), y específicamente sobre la legitimidad de los sistemas democráticos DÍAZ (1984: 26 ss.) y (1985: 115 ss.).

[25] Cfr. LAPORTA (1989: 287), y DÍAZ (1985: 112 ss.).

[26] Cfr. BAYÓN (1991: 611).

las obligaciones que provienen del poder legitimado, sino que tales deberes son además obligatorios para sus destinatarios ya que existen razones independientes de la imposición del deber para considerarlo justificado[27].

2.1. El criterio de identificación de las normas

Como quiera que lo que interesa aquí es disponer de algún criterio en el que fundar la legitimidad del parlamento para dictar leyes, es decir, para dar continuidad a la práctica constitucional, quizá sea conveniente recuperar el criterio propuesto por Caracciolo para identificar las normas independientes que vimos en el apartado anterior. A fin de cuentas, también el criterio de identificación se encontraba relacionado de algún modo con el reconocimiento y aceptación de dichas normas, o lo que es lo mismo, con la disposición a aceptarlas como genuinas razones para la acción y, en este sentido, es muy próximo si no idéntico al concepto de legitimidad. Pero conviene ir con cuidado ya que, a tenor de la advertencia del propio Caracciolo, este era tan solo uno de los sentidos que podía darse a la expresión «reconocimiento» de la regla hartiana. En efecto, debido a la ambigüedad de la expresión «reconocimiento», esta podía entenderse según indica Caracciolo, de dos maneras diferentes. La primera implica una operación cognoscitiva de identificación y en consecuencia exige el uso un criterio conceptual, la segunda por el contrario significa lo mismo que aceptarla o considerar su contenido como pauta de comportamiento correcto. Como se recordará denominé a la primera sentido débil de reconocimiento y a la segunda sentido fuerte o comprometido. Ambos sirven no obstante para identificar las normas independientes del sistema, es decir, las normas constitutivas de la práctica legislativa o, lo que es lo mismo, las que permiten reconocer las normas dependientes que dan continuidad en la práctica al pacto constitucional. Como lúcidamente lo expresa Bayón:

> «Sencillamente, las cosas no pueden ser de otro modo: legislar es un acto *institucional* y, como tal, conceptualmente imposible en ausencia de normas constitutivas previas que, al definir qué cuenta como «decisión válida» *inevitablemente* limitan y condicionan qué puede decidirse válidamente»[28].

---

[27] Cfr. Garzón Valdés (1992: 321). En relación con la distinción entre deberes en «sentido fuerte» y deberes en sentido débil u obligaciones, *vid.* Raz (1977).

[28] Cfr. Bayón (2004: 111), cursivas originales.

El segundo sentido, o sentido fuerte o comprometido, en el que Caracciolo entiende la expresión «reconocimiento» de la regla hartiana es similar y, por tanto, compatible con la legitimidad de esas normas independientes del sistema que son también las constitutivas de la práctica constitucional. Y ello porque la legitimidad se refiere, recordémoslo, a la aceptación de las obligaciones que impone la autoridad no porque esta las imponga sino porque existen razones independientes para aceptarlas. Es decir, porque incluye no solo la actitud práctica de aceptarlas como razones para la acción, como indica Hart [29], sino también la cognoscitiva o intelectual que conlleva la adopción de un punto de vista interno. Ello se debe, como nos recuerda MacCormick (1981: 33), a que es necesario conocer previamente una norma para poder aceptarla. Así las cosas, parece que es posible decir que en este sentido fuerte o comprometido de la expresión «reconocimiento», reconocer las normas independientes implica adoptar un punto de vista interno y, en consecuencia, es lo mismo que identificarlas como legítimas.

Ahora bien, Caracciolo se refiere también a otro sentido de la expresión reconocimiento que, según afirma, no implica «compromiso alguno con las normas así "identificadas"». En este sentido débil, como advierte, «reconocer no conduce a la aceptación de las normas del sistema y solo significa el uso de un criterio conceptual» [30]. Y es precisamente el uso de este criterio conceptual el que en mi opinión acaba reenviando, en el caso de la democracia constitucional, al sentido fuerte o comprometido de acuerdo con el propio hilo argumental que sigue Caracciolo.

Si es cierto que en este sentido débil de reconocer, el criterio extensional sirve para identificar las normas independientes de un sistema normativo. También lo es que es útil para identificar las del ordenamiento jurídico constitucional democrático. Hacer uso de un criterio de este tipo permite constatar que son normas independientes todas las expresadas en el texto constitucional. Así, las normas N_1, N_2, N_3....N_n, son normas del sistema *S* en el tiempo *t* y en el espacio *e* porque han sido promulgadas por un acto de legislación inicial. Este criterio sirve entonces para reconocer tales normas como constitutivas de una práctica institucional que consiste, precisamente, en dar continuidad al pacto político que se expresa en el acto de legislación inicial. Es decir, para reconocer las normas constitutivas del

[29] Cfr. Hart (1982: 105-6).
[30] Caracciolo (2009: 87).

acto institucional en el que consiste legislar y que, en consecuencia, definen «qué cuenta como decisión válida» e «inevitablemente limitan y condicionan qué puede decidirse válidamente», como afirma Bayón [31].

Pero esto revela que el criterio extensional en el que se sustenta el criterio débil o no comprometido, acaba remitiendo a algún criterio de autoridad, como ocurre por ejemplo con el que según Raz permite identificar:

> «algunos actos realizados antes de que un sistema momentáneo exista como el ejercicio de poderes legislativos de acuerdo con el sistema aun cuando el sistema no contenga ninguna norma que autorice dichos actos de legislación» [32].

o a un criterio de justicia que justifique la restricción de las decisiones que puede adoptar válidamente la autoridad, como puede ser el caso del «coto vedado» que defiende Garzón Valdés [33] o la «concepción de la justicia» a la que se refiere Rawls [34].

En cualquier caso, el criterio extensional o sentido débil de la expresión «reconocimiento» o es redundante, ya que informa únicamente de que son normas independientes las expresadas en la constitución y, en consecuencia, innecesario; o indica que quienes lo usan para identificar tales normas como constitutivas del acto institucional en el que consiste legislar son, a su vez, aceptantes, esto es, las reconocen en el sentido fuerte como razones para actuar, con lo que por sí solo deviene insuficiente. De manera que, como Caracciolo sostiene, la aceptación compartida de normas

> «*supone* el uso compartido de criterios de identificación. Pero de ello no se sigue que, además, *obedezcan* una norma según la cual deben usar una regla conceptual» [35].

La razón de ello, como creo que acepta Caracciolo, es que quienes identifican tales normas como constitutivas de un diseño institucional con-

---

[31] Cfr. BAYÓN (2004: 111).

[32] Cfr. RAZ (1970: 170-1).

[33] Cfr. GARZÓN VALDÉS (1989: 644) y (2000).

[34] Cfr. RAWLS (1971: I y II).

[35] CARACCIOLO (2009: 87).

creto, como es el caso de los legisladores o de la jurisdicción constitucional en lo que aquí interesa, adoptan también el punto de vista interno y son, en consecuencia, aceptantes de las mismas. Desde este punto de vista, como el propio Caracciolo afirma, «semejante norma», esto es, el criterio extensional o sentido débil de reconocer,

> «es insuficiente como estándar de justificación o, en el mejor de los casos, superflua»[36].

Es cierto que siempre se puede alegar que la función de este criterio no es la de informar de la legitimidad de tales normas sino la de proporcionar un instrumento de identificación, entre otros posibles, de las normas independientes de cualquier sistema normativo. Pero esto es precisamente lo que aquí se trata de mostrar, que pese a la utilidad genérica del criterio extensional, en este caso no es suficiente porque el sistema normativo que tiene origen en las normas independientes no es un sistema normativo meramente formal o avalorativo sino un diseño institucional concreto que responde al calificativo de constitucional democrático porque atrinchera en última instancia un criterio de justicia y uno normativo de las decisiones que puede adoptar válidamente la autoridad institucional y, en consecuencia, con los que se encuentra comprometido. Como afirma Garzón Valdés:

> «esta relación revela que no es el procedimiento el que confiere legitimidad sino que las decisiones procedimentales son aceptadas cuando el sistema posee legitimidad»[37].

Piénsese, por ejemplo, en lo que ocurre cuando desde la propia autoridad constituida se promueve una modificación o enmienda constitucional apelando al criterio de justicia que atrinchera el pacto político, como ha sucedido con varias de las enmiendas a la Constitución estadounidense. Lo habitual en el lenguaje que emplean juristas y politólogos no es apelar al criterio extensional para identificar las nuevas normas independientes e informar, con ello, que nos encontramos ante un nuevo sistema jurídico. Aunque ciertamente no habría nada de extraño o erróneo en esta forma de

---

36 Caracciolo, *ibidem*.

37 Cfr. Garzón Valdés (1988: 515).

proceder. Este es de hecho el criterio de identificación empleado por Raz (1970) para referirse a lo que denomina «sistema jurídico momentáneo». Sin embargo, lo que suele ocurrir es que juristas y politólogos recurren tácita o expresamente al sentido fuerte o comprometido para justificar las enmiendas o modificaciones constitucionales porque con ellas el diseño institucional en su conjunto resulta más acorde con el criterio de justicia o de autoridad, o con ambos al mismo tiempo, que atrinchera. De ahí que adquiera pleno sentido diferenciar analíticamente, como hacen Alchourrón y Bulygin (1971) y Vilajosana (1997), entre sistema y orden jurídicos. El primero de ellos es ciertamente identificable mediante el criterio extensional, mientras que para el segundo es necesario tener en cuenta la sucesión de sistemas temporales, por lo que sería de dudosa utilidad recurrir a idéntico criterio. Al menos si se pretende reconducir la sucesión de sistemas jurídicos a algún tipo de unidad como el propio Vilajosana parece indicar al distinguir a su vez entre orden jurídico y orden estatal[38].

2.2. Dos estrategias de justificación de la decisión

Si la legitimidad de los parlamentos para dar continuidad a la práctica constitucional se vincula al concepto fuerte o comprometido de reconocimiento, como considero que es correcto hacer, ambas estrategias siguen en pie pero con una sensible modificación sustancial. La primera, la que concede prioridad al procedimiento de decisión establecido en las reglas constitutivas del pacto, indica que tal procedimiento es el más adecuado para adoptar decisiones de acuerdo con los valores atrincherados. Es decir, que si bien el procedimiento es instrumental para la continuidad de esos valores, es también el que, entre otros posibles, tiende a arrojar con mayor probabilidad resultados correctos y, en consecuencia, el más acorde para la conservación de todos ellos.

---

[38] Vilajosana denomina sistema jurídico al «conjunto de normas jurídicas que tienen una determinada propiedad *P* en un tiempo *t* y un espacio *e* determinados» y «orden jurídico» a lo que Raz califica como «sistema jurídico» y en ocasiones también como «sistema jurídico no momentáneo» o «continuo». Reserva, sin embargo, la distinción entre «orden jurídico» y «orden estatal» para evitar la posible confusión que se podría producir al emplear el mismo término «orden jurídico» como criterio de identificación temporal, *i.e.*, como sucesión de sistemas y como criterio de identificación espacial, como Derecho de un Estado; cfr. Vilajosana (1997: 19-23).

A fin de cuentas, como Rawls (1971: § 36) afirma, si el diseño institucional resultante del pacto político es coherente con los principios de justicia elegidos en la posición original, el procedimiento de decisión establecido para dar continuidad a los mismos tenderá a hacerlos efectivos en la tercera etapa o legislativa. Ahora bien, ello indica, a su vez, que la legitimidad parlamentaria para adoptar decisiones que afectan a cada uno se mantiene intacta en tanto en cuanto se dé continuidad efectiva a los valores atrincherados pero no en otro caso. De ser esto último, tal legitimidad se vería reducida en efecto a la actitud práctica de reconocimiento que por definición no tiene por qué ser acorde o compatible con el criterio de justicia atrincherado y, en todo caso, carece del potencial justificativo de aquella. Probablemente el aspecto más problemático que presenta esta estrategia es que carece de respuesta para el caso de que el sistema se vea devaluado hasta el extremo en que los valores atrincherados carezcan de vigencia efectiva y, sin embargo, se encuentre legitimado de hecho por la actitud práctica de reconocimiento.

La segunda estrategia recorre el camino inverso. Centra su atención en lo decidido antes que en el proceso de decisión. Así pues, sin dejar de admitir cierto valor intrínseco del procedimiento de decisión tampoco obvia que tan solo es *tendencialmente* apto para producir decisiones correctas o acordes con los valores atrincherados pero no asegura que sea así en todos los casos. Para evitar los problemas derivados de estos casos se hace necesario disponer de algún tipo de mecanismo que permita conjurar el riesgo que ello supone para la continuidad de los valores atrincherados[39], aunque ello se haga a costa de devaluar el procedimiento mismo de decisión a resultas de la incorporación de mecanismos contramayoritarios de revisión.

El problema que presenta esta segunda alternativa, a mi modo de ver, es que entre los valores atrincherados se encuentra también el de igual dignidad individual que, al menos en parte, encuentra acomodo en el derecho de participación política en pie de igualdad y, consecuentemente con ello, en la legitimidad de la decisión mayoritaria. Parece entonces que al debilitar por esta parte el procedimiento de decisión se erosiona también el cri-

---

[39] La distinción entre vigencia o validez formal y validez sustancial de las normas jurídicas de Ferrajoli, podría servir probablemente como ejemplo de esta segunda alternativa; cfr. FERRAJOLI (1995: 357 ss.).

terio de justicia y el diseño institucional en su conjunto pierde coherencia con respecto al pacto político del que trae causa.

Así las cosas, ambas estrategias coinciden a la hora de identificar el criterio de excelencia del pacto político como aquello que otorga sentido a la continuidad de la práctica constitucional. Es decir, en que es una práctica comprometida. Difieren, sin embargo, en cómo dar continuidad a la misma. Para la primera, la continuidad depende de que la práctica se mantenga fiel al criterio de excelencia atrincherado, o lo que es lo mismo, la autoridad y el procedimiento constituidos son instrumentales con respecto al criterio de excelencia y carecen de sentido en otro caso ya que de ser así no sería posible hablar propiamente de continuidad de la práctica constitucional sino que estaríamos ante una práctica diferente de la constituida. Para la segunda, en cambio, es la continuidad del criterio lo que depende de cómo se desarrolle la práctica. Y dado que es imposible asegurar, en efecto, que las decisiones que adopte la autoridad serán siempre consecuentes con el criterio de excelencia parece conveniente arbitrar algún tipo de procedimiento de revisión de las decisiones para que el criterio de excelencia no quede al albur de puntuales mayorías y los perjuicios que se le inflijan no queden legitimados por la simple actitud mayoritaria de reconocimiento.

No cabe duda, sin embargo, de que manejar dos conceptos de validez diferentes y en principio irreductibles de la legislación democrática como los que defiende cada una de estas estrategias introduce un elevado grado de inestabilidad en el conjunto del sistema político-jurídico como trataré de mostrar más detalladamente a continuación.

3. COMPETENCIA, PROCEDIMIENTO Y ¿VALIDEZ?

La divergencia entre los conceptos de validez que maneja cada una de estas estrategias afecta, como acabamos de ver, a la decisión finalmente adoptada. Es, por tanto, una divergencia sustancial o de contenido. No cuestiona en principio la competencia ni el procedimiento seguido por la autoridad constituida para adoptar válidamente decisiones en representación del nosotros, vinculantes en consecuencia para cada uno. Pero además, la divergencia no afecta a todos los casos, ni siquiera a la mayoría de ellos sino que tan solo cobra relevancia con respecto a aquellas decisiones susceptibles de poner en entredicho la continuidad del criterio de excelencia del pacto constitucional. Ambas estrategias convergen entonces en defender lo valioso de la continuidad de la práctica constitucional. Pero si esto es así, la coincidencia entre ambas y, por tanto, en el concepto de validez que se deriva de cada una de ellas parece ser bastante más amplia que las diferencias que las separan. Ambas aceptan, en efecto, la competencia de la representación mayoritaria para adoptar decisiones vinculantes para cada uno y reconocen, además, el valor intrínseco del procedimiento para hacerlo válidamente en la mayor parte de los casos. Divergen, sin embargo, en algunos de ellos, quizá los menos numerosos cuantitativamente pero probablemente también los más importantes desde el punto de vista cualitativo. Interesa entonces saber en qué consisten esos casos y cuál el alcance de la divergencia con respecto a ellos.

3.1. El paradigma de continuidad de la práctica constitucional

Para comprender mejor la diferencia que media entre los conceptos de validez que maneja cada una de estas estrategias quizá sea conveniente comenzar por lo que ambas tienen en común que, como acabo de decir, parece ser más de lo que las separa.

En primer lugar ambas aceptan el criterio de autoridad. Es decir, la competencia de la representación mayoritaria para adoptar decisiones vinculantes en principio para cada uno. Ambas reconocen en consecuencia la legitimidad de los parlamentos para dictar leyes en desarrollo del pacto político que alumbra la constitución democrática. Ahora bien, reconocer tal legitimidad implica, de acuerdo con lo que vimos anteriormente, adoptar un punto de vista interno o, lo que es lo mismo, aceptar las normas constitutivas de la práctica institucional. Pues bien, como quiera que son las propias normas constitutivas las que por una parte otorgan competencia a la representación mayoritaria para adoptar decisiones que den continuidad a la práctica constitucional y, por la otra, limitan dicha competencia siquiera mínimamente en razón del criterio de justicia que queda atrincherado tras ellas, parece razonable pensar que cualquier criterio de validez que se maneje es, a su vez, tributario de ese criterio de justicia.

Algo similar ocurre, en segundo lugar, con el procedimiento de decisión. Ambas estrategias convergen también, al menos hasta cierto punto, en reconocer cierto valor intrínseco del mismo. La razón de ello difícilmente puede ser otra que la que se deriva del principio moral más básico de igual dignidad individual y, por tanto, de la igual capacidad de cada uno para formar su opinión y expresarla libremente en pie de igualdad con los demás. Obviamente, el procedimiento de decisión puede quedar sujeto, como de hecho sucede, a otros requisitos como el principio de legalidad o la exigencia de mayorías reforzadas en relación con determinados temas. Pero la razón de todo ello radica en última instancia en resguardar la igual dignidad individual que es, además, la que justifica las restricciones impuestas a la decisión mayoritaria por el *Bill of Rights* que, como antes dije, no consiste sino en especificaciones, más o menos amplias, del principio moral básico. En definitiva, porque resultaría incoherente con el criterio de excelencia de la genuina democracia constitucional garantizar derechos y libertades básicos a los ciudadanos en razón de su igual dignidad individual para privarlos después de la posibilidad de organizar la vida pública en idéntico pie de igualdad. Porque como Rawls advierte, en defensa precisamente del procedimiento de decisión mayoritario en pie de igualdad y respondiendo a la propuesta del voto plural de Mill[40], tan solo de este modo cabe hablar consecuentemente de «calidad moral de la vida cívica» y «sentimiento de aptitud política del ciudadano medio»[41].

Pero además de lo anterior, y consecuentemente con ello, ambas estrategias coinciden, en tercer lugar, en la necesidad de que la continuidad de la práctica constitucional sea extremadamente coherente con el criterio de excelencia atrincherado por el pacto político. De no ser así, el concepto de validez que maneja cada una de ellas coincide con el otro en la imposibilidad de reconocer las decisiones adoptadas por la autoridad constituida como continuadoras de la práctica. Piénsese en lo que ocurriría por ejemplo con una ley del parlamento español que decidiera instaurar la pena de muerte o privar del derecho de voto a las mujeres, los homosexuales o cualquier individuo por razón de su color de piel o estatura. Sería considerada simplemente inválida para una y no reconocible como integrante de la práctica constituida por la otra. Ambas estrategias condicionan, por tanto, el reconocimiento de las decisiones adoptadas regularmente por los parlamentos democráticos a su fidelidad con respecto al criterio de excelencia. Y, si esto es así, parece que tanto la autoridad como el procedimiento son instrumentales para la continuidad de los valores atrincherados con independencia de cuál sea el valor intrínseco que quepa apreciar en

---

[40] Cfr. Mill (1861: VIII).
[41] Cfr. Rawls (1971: 223-4).

una y otro[42]. Dicho con otras palabras, el valor intrínseco de la autoridad representativa y del procedimiento de decisión mayoritario y sujeto a otros requisitos procedimentales que contribuyen a garantizar la formación de los planes de vida así como la no intromisión en la esfera privada, hablan sin duda en favor de un diseño institucional más acorde con los valores protegidos por el pacto constitucional pero no por ello pierden el carácter instrumental con respecto a la realización efectiva de tales valores.

Esto no implica, por supuesto, asumir ningún compromiso con el instrumentalismo estricto o genuino como el que defiende por ejemplo Holmes (1999: 124), sino simplemente señalar el carácter instrumental de la autoridad y del procedimiento de decisión en la genuina democracia constitucional. El cual sería, por otra parte, más acorde con un instrumentalismo ampliado como el que con diversos matices parece defender Dworkin (2000: 187 ss.) y Arneson (1993: 138) y, desde luego, con un planteamiento rawlsiano del que, como afirma Bayón, el «instrumentalismo ensanchado [...] acaba siendo indistinguible»[43].

Creo que es importante retener que ambas estrategias, así como el concepto de validez que se deriva de cada una de ellas, convergen a la hora de reconocer aquello que constituye el paradigma de la continuidad de la práctica constitucional y, en consecuencia, también lo hacen en la imposibilidad de reconocer determinadas decisiones en extremo incoherentes con el mismo. Pero si esto es así, no parece que exista entre ellas ninguna divergencia profunda sino un desacuerdo gradual con respecto a qué decisiones deben contar como válidas o, lo que es lo mismo, cuáles dan continuidad a la genuina práctica constitucional.

3.2. El grado de los desacuerdos

Dado que ambos conceptos de validez coinciden a la hora de identificar los casos paradigmáticos de continuidad de la práctica constitucional y, por tanto, también aquellos en los que no es posible reconocer las decisiones adoptadas por la representación mayoritaria como continuadoras de esa

---

[42] Sobre la idea derivativa del valor instrumental del procedimiento, en relación en este caso con su valor epistémico, *vid.* Bayón (2009: 194-6).

[43] Cfr. Bayón (2004: 127).

práctica, el desacuerdo entre ellos debe radicar en algún punto intermedio entre sendos extremos. Tal desacuerdo podría deberse entonces a las reglas de competencia y procedimiento. Sin embargo, desde el momento en que ambas estrategias reconocen ciertas decisiones adoptadas por la representación mayoritaria de acuerdo con el procedimiento establecido como paradigmas de continuidad de la práctica constitucional parece difícil que el desacuerdo verse sobre ellas. Pudiera ser, entonces, que el desacuerdo radique en las normas que enuncian los derechos y libertades, aquellas que como vimos es posible entender como un derecho de veto que cada uno se reservaba frente a las decisiones del nosotros. Pero dado que los dos conceptos de validez reconocen la legitimidad de la autoridad y cierto valor intrínseco del procedimiento de decisión, al menos con respecto a aquellas decisiones que coinciden en identificar como casos paradigmáticos de continuidad de la práctica constitucional, ambos aceptan también las normas constitutivas de la práctica institucional. Parece, por tanto, que esta vía tampoco resulta prometedora para resolver nuestro problema.

Una vez descartado que la divergencia se encuentre en las normas constitutivas de la práctica institucional, tanto las que otorgan la competencia y señalan el procedimiento a seguir, que tienen como vimos anteriormente estructura de reglas y, por tanto, criterios de aplicación más precisos, como las que enuncian los derechos y libertades, con condiciones de aplicación más abiertas o vagas y, por ello, con estructura principialista; parece que el desacuerdo tan solo puede radicar en la práctica misma. Es decir, en los actos de aplicación de unas u otras, o de ambas a la vez.

Supongamos que radica en los actos de aplicación de las reglas procedimentales. Es posible, en efecto, que la representación mayoritaria adopte una decisión para cuya formación no se hubieran cumplido los requisitos exigidos: que no exista el quórum necesario, o se incumpla el principio de legalidad o la jerarquía normativa, por ejemplo. De nuevo parece difícil pensar que exista desacuerdo con respecto a estos casos ya que, por una parte, ambos conceptos de validez convergen a la hora de exigir el cumplimiento de lo dispuesto en las reglas procedimentales y, por la otra, todos estos casos no constituyen actos de aplicación sino de inaplicación de dichas reglas. Más probable parece entonces que el desacuerdo guarde relación con las reglas de competencia. Puede ocurrir, en efecto, que dudemos sobre quién dispone de competencia para decidir sobre una materia concreta cuando dos o más órganos igualmente representativos la reclaman o rechazan al mismo tiempo. En este caso, nada inusual por otra parte en sistemas político-jurídicos descentralizados, como ocurre con Alemania, España, Estados Unidos o con el resultante del proceso de formación de la Unión Europea, o bien se dispone de alguna cláusula de prioridad entre ellos o no es posible resolver el conflicto competencial a partir de las propias reglas. Además, podría darse el caso de que existan dudas sobre si el órgano dispone o no de competencia para adoptar una decisión concreta. Piénsese, por ejemplo, en una delegación legislativa que habilite al gobierno para dictar una norma con rango de ley, un Decreto-legislativo, por ejemplo, como ocurre en el ordenamiento jurídico español. En este caso podría generarse un desacuerdo en torno a si la decisión gubernamental excede o no los márgenes concedidos por la delegación. Creo, sin embargo, que tampoco ninguno de los casos precedentes generaría un genuino desacuerdo entre ambos conceptos de validez. En el primero, porque los sistemas descentralizados suelen prever una cláusula de prioridad entre competencias o atribuirla residualmente a uno de los órganos representativos. En el segundo, porque tanto si la decisión gubernamental se encuentra dentro de los límites de la delegación como si está claramente fuera de ellos, no habría duda del cumplimiento o incumplimiento estricto de lo dispuesto en la regla. Nótese, además, que en caso de incumplimiento, la decisión gubernamental no sería *estricto sensu* una decisión legislativa sino meramente administrativa y quedaría sujeta, en consecuencia, a la revisión de los tribunales ordinarios[44].

Ahora bien, si lo que sucede es que la divergencia no radica en la competencia misma sino en el objeto de ella, entonces el problema cambia radicalmente. En este caso no nos encontramos ante una divergencia sobre la aplicación de la regla de competencia sino ante un problema de indeterminación del concepto sobre el que la competencia recae. Supongamos de nuevo que dos o más Estados miembros de la Comunidad Europea o dos o más Comunidades Autónomas del Estado español tienen competencia para legislar sobre el aprovechamiento fluvial de las aguas de un río pero el ejercicio de cada una de ellas es incompatible con el que pretende hacer el resto. El problema aquí no radica en la aplicación de la regla de competencia, por supuesto tampoco en el río entendido como accidente geográfico (es lógico suponer que la existencia del río es previa e independiente de la formación de los Estados o Comunidades Autónomas); nos encontramos

[44] Así lo señala, al menos, De Otto (1987: § XX).

ante un problema de la extensión o denotación del concepto de río —el objeto que nombra— al ponerlo en relación con su intensión —las propiedades definitorias de ese concepto— que nos hace dudar, por ejemplo, de que la autorización de captación de aguas o de vertidos tóxicos por parte de un Estado o una Comunidad Autónoma impide seguir considerando al río, aguas abajo, con idénticas propiedades[45].

Es, por tanto, aquí, en la indeterminación de los conceptos atrincherados por las normas constitutivas de la práctica constitucional, donde radica en mi opinión el genuino desacuerdo sobre la validez de las leyes. Un desacuerdo que cobra mayor relevancia cuanto más indeterminado o vago es el concepto y que alcanza su máxima expresión, como no podía ser de otra manera, en relación con las normas que enuncian los derechos y libertades que son, como vimos, las que incorporan en mayor grado conceptos indeterminados o densos.

Este es, sin embargo, un problema frente al que un adecuado diseño institucional de la democracia constitucional puede hacer mucho pero, desgraciadamente, no puede eliminar por completo. Al menos no, si con ello se pretende, como creo que es deseable, dejar un amplio margen para la acción política y la capacidad de decisión individual en consonancia con el criterio de excelencia atrincherado. Es decir, disponer de un diseño institucional en el que la «razón pública», en el sentido rawlsiano del término, tenga amplia cabida como fundamento de la legitimidad política de una sociedad plural[46]. De ser así, parece que volvemos a enfrentarnos a la paradoja señalada por Nino. Ciertamente las opciones parecen reducirse

---

[45] En estos casos, por otra parte bastante habituales en la práctica [*vid.,* por ejemplo, STC de 17 de marzo de 2011, BOE núm. 86, de 11 de abril, que anula la competencia exclusiva de la Junta de Andalucía sobre el río Guadalquivir; el *Convenio sobre la cooperación para la protección y el uso sostenible del Danubio* (Convenio de protección del Danubio), Acta final, Diario Oficial núm. L 342 de 12/12/1997 pp. 0019-0043 o la Sentencia de la Corte Penal Internacional de 20 de abril de 2010, sobre el «conflicto de las papeleras» que mantienen Argentina y Uruguay en relación con el Estatuto del Río Uruguay], en los que, como afirman Moreso y Vilajosana (2004: 154), la vaguedad se produce porque «una palabra tiene como criterio relevante de aplicación la presencia de una propiedad que en los hechos se da de una forma continua [...] y pretendemos hacer cortes en esa línea continua», se genera entonces un desacuerdo sobre el significado del concepto sobre el que solo cabe decidir para resolver el desacuerdo. En este mismo sentido, Hart (1961, cap. VII), y Vilajosana (2010a: 158).

[46] Cfr. Rawls (1993: 216 ss.).

a elegir entre un diseño institucional que proporcione mayor grado de seguridad con respecto a las decisiones futuras que adopte la representación mayoritaria, aun a riesgo de que la acción política se vea reducida a la mínima expresión y la opinión individual acabe careciendo de incidencia en esas decisiones que en su mayor parte podrían considerarse meramente técnicas[47]; o uno que proporcione menor seguridad pero en el que exista más margen para el debate público y la opinión de cada ciudadano tenga más peso en la decisión adoptada por la representación mayoritaria, como el que defiende Martí[48]. De ser esto último, necesariamente habrá que contar con la incorporación de conceptos generales cuya vaguedad potencial o intensional obliga a admitir de antemano el carácter controvertido de los mismos y, en consecuencia, el desconocimiento futuro de sus propiedades definitorias.

Este, es en realidad, un problema que si bien resulta perentorio en el diseño institucional de los sistemas político-jurídicos democráticos, tiende a reproducirse en cualquier campo que dependa de la acción y deliberación humanas. Imaginemos, por ejemplo, la siguiente situación: un grupo más o menos numeroso de individuos desea festejar algún evento y deciden celebrarlo reuniéndose para comer una paella. Dado que existen diferentes tipos de paella lo primero que deben decidir es qué paella prefieren, si una tradicional que incluya carne, pescado, verduras y hortalizas o bien una paella tan solo de pescado y marisco. Supongamos que estos individuos son sensibles a las preferencias de los demás y como saben que alguno de los asistentes prefiere no comer carne, deciden que la paella contendrá únicamente pescado, marisco, verduras y hortalizas. Una vez alcanzado el acuerdo sobre los ingredientes y la calidad que desean de ellos, el paso siguiente es elegir el tipo de arroz, fundamental para elaborar una genuina paella. Hay acuerdo también entre ellos en que el arroz más adecuado es el denominado arroz *bomba*. Ahora bien, debido a que parte de ellos reside en Cataluña y otros en la Comunidad Valenciana se produce algún tipo de discrepancia a la hora de elegir el lugar de origen del arroz. Unos prefieren

---

47 Un diseño institucional en el que, como afirma FERRERES (1997: 106 ss.) «la Constitución de detalle reduce el grado de controvertibilidad de las cuestiones interpretativas» pero que queda, a su vez, sujeto a la «tiranía del pasado», con dificultades, por tanto, para «amparar nuevas dimensiones de la libertad constitucional» y «la integración constitucional de una sociedad plural».

48 Cfr. MARTÍ (2006: 268 ss.).

el arroz del Delta del Ebro, otros el de la Albufera de Valencia y alguno se inclina incluso por el arroz de Calasparra. Finalmente logran ponerse de acuerdo también en este punto pero discrepan en cuál es el procedimiento adecuado para realizar la paella. Algunos sostienen que el arroz debe sofreírse antes de añadir el *fumet* de pescado y el agua para la cocción; otros, por el contrario, creen que esa es una forma errónea de elaborar una paella y que el arroz debe añadirse en último lugar, cuando el resto de ingredientes están ya a punto de ebullición. Como el grado de discrepancia persiste someten la decisión a la preferencia de la mayoría. Después de escuchar atentamente las opiniones expertas de varios miembros del grupo que coinciden en señalar que el procedimiento más adecuado es el primero, la mayoría se muestra favorable a seguir este modo de proceder, lo que el resto acepta aun considerando que es un error y que la paella resultaría mejor si se realizara como ellos proponen. Pero al fin y al cabo están de acuerdo en que lo quieren es una paella y que de los dos modos es posible elaborarla.

Después de ponerse de acuerdo en los ingredientes y el procedimiento tan solo resta decidir quiénes serán los encargados de cocinar la paella. Algunos de ellos proponen que sean los expertos los que se encarguen de hacerlo. Pero estos rechazan la proposición ya que afirman que ellos saben distinguir perfectamente una buena paella de una mala pero no disponen de la pericia requerida para cocinarla. Aceptan, sin embargo, a propuesta del grupo, que su opinión cualificada sea expresada, por deliberación entre ellos de forma separada a la del resto, el día de la celebración. Finalmente, entre ruegos a algunos y aclamaciones de otros, se eligen tres cocineros de entre los que voluntariamente se han prestado y cuya habilidad para la cocina viene avalada por la confianza expresada por otros miembros del grupo. Todos ellos deciden sufragar los gastos que origina la paella en común y que sean los cocineros quienes se encarguen de elegir los mejores ingredientes entre los propuestos para hacerla y el vino apropiado para acompañarla. Como justa compensación, los cocineros estarán exentos de contribuir a la financiación de la paella. Llegado el día de la celebración, los comensales están ansiosos por comprobar el resultado final que les presentarán sus compañeros cocineros. En este momento puede darse alguna de las siguientes situaciones:

i) Que los cocineros, avergonzados, se presenten ante sus compañeros pidiendo disculpas porque ciertos otros compromisos les han impedido realizar la paella.

ii) Que la paella no sea tal sino un arroz *basmati* con verduras que los cocineros decidieron realizar ante la imposibilidad de encontrar marisco y pescado de calidad. Pero a cambio y dados los gastos originados han conseguido un cava excepcional para acompañarlo.

iii) Que la paella, cocinada al modo tradicional, contenga carne, pescado y verduras dado que los cocineros decidieron finalmente que esta era la mejor forma en la que los miembros del grupo procedentes de lugares alejados degustaran una genuina paella y, aunque son conscientes de que algunos comensales, probablemente los menos, opondrán reparos a la utilización de la carne como ingrediente, es conveniente respetar la tradición.

iv) Que el resultado final de la paella, realizada con los ingredientes y de acuerdo con el procedimiento acordado, se someta finalmente a consideración de los comensales.

En el caso i) probablemente los comensales se sientan traicionados y no alcancen a comprender por qué no se propuso la posposición de la celebración ante la imposibilidad de realizar la paella acordada. En los casos ii) y iii) puede que haya opiniones divididas. Los más comprensivos probablemente acepten las disculpas y admitan las razones por las que los cocineros decidieron finalmente realizar una receta diferente. Todos están de acuerdo, sin embargo, en que el resultado final no es la paella acordada. Sin embargo, los miembros del grupo que no comen carne expresan su disconformidad absoluta ya que se sienten engañados tanto por los cocineros como por el resto de compañeros que dicen comprenderlos. No pueden aceptar que en un grupo con tanta cohesión y respeto por las preferencias individuales no se haya tenido en cuenta finalmente su decisión de no comer carne. La actitud de unos y otros cambia por completo ante la situación expuesta en el caso iv): los cocineros presentan la paella a sus compañeros y están impacientes por conocer su opinión. Naturalmente hay opiniones diversas pero los comensales se muestran mayoritariamente satisfechos. Varios miembros del grupo advierten, sin embargo, de la socarra del arroz y señalan, además del peligro que comporta para la salud, que esto es un indicio de la escasa pericia de los cocineros.

Todos esperan por último la opinión de los cinco expertos que se han apartado del grupo para tratar de consensuar un veredicto. El portavoz de estos, expone finalmente que pese a que no han podido llegar a una decisión unánime, la opinión mayoritaria entre ellos es, contrariamente a lo expresado por la mayoría de los comensales, que la paella presenta defectos manifiestos como la falta uniformidad en la cocción del arroz, la socarra excesiva como habían advertido con anterioridad algunos comensales y otras carencias notorias como es el caso de hebras de azafrán que si bien es cierto que su uso resulta discrecional, su ausencia impide apreciar la textura, coloración y sabor de una genuina paella de pescado y marisco. Concluyen en consecuencia que el resultado final puede ser aceptado como un buen arroz de pescado y marisco pero en ningún caso cabe identificarlo como una genuina paella. Dos de los expertos, desean exponer su opinión disidente que coincide mayoritariamente con la del resto de comensales. A resultas de esta variedad de opiniones ¿es posible considerar alguna más acertada o consecuente con respecto al acuerdo inicial al que habían llegado los miembros, presentes y representados de este grupo?

La situación que acabo de exponer quizá pueda parecer poco adecuada o incluso desafortunada como comparación entre los desacuerdos que se producen en torno a los conceptos generales que atrincheran las normas de un diseño constitucional democrático. Creo, sin embargo, que al menos es útil para comprender de forma sencilla la distancia que media entre el diseño o planificación de una práctica futura, cuyo resultado final depende en última instancia de la acción humana, por un lado y, por otro, la relación de conjugación que existe entre dos procedimientos de decisión que tienen como objeto de interpretación las normas constitutivas de una práctica institucional que, como hemos visto, incorporan conceptos esencialmente controvertidos o densos.

Los casos i), ii) y iii) del ejemplo anterior constituyen casos paradigmáticos en el sentido negativo y marcan, por tanto, el límite de la discrecionalidad. El caso iv), sin embargo, sirve para ejemplificar la alta probabilidad de que los integrantes de una sociedad plural que comparten una misma idea acerca de cuál es el paradigma de una paella, o una misma concepción de la justicia que resulta del consenso superpuesto de diferentes doctrinas comprehensivas, por decirlo en términos rawlsianos [49], terminen por expresar juicios dispares sobre ella.

[49] Cfr. RAWLS (1971: § 22) y (1993: § 2.2).

4. LEGISLACIÓN Y JURISDICCIÓN CONSTITUCIONAL: PROCEDIMIENTOS CONJUGADOS

Sabemos ya que legislar es una práctica institucional cuyas reglas constitutivas indican el procedimiento a seguir por la representación mayoritaria y, a su vez, constituyen a esta como autoridad competente para adoptar decisiones vinculantes para cada uno. A tales decisiones se les atribuye la propiedad institucional de ser reconocidas, al menos en principio, como leyes[50]. Sin embargo, entre las normas constitutivas de esta práctica se encuentran también aquellas que enuncian los derechos y libertades. Dado que estas últimas poseen una estructura diferente de las primeras su condición de aplicación es más abierta o imprecisa. Unas y otras, en conjunto, señalan quién y cómo debe dar continuidad en la práctica al pacto constitucional sin que se vea perjudicado el criterio de excelencia atrincherado. Dicho de otro modo, las normas constitutivas atribuyen a la decisión mayoritaria la propiedad institucional de ley porque a través de ellas es posible dar continuidad a la práctica constitucional y, en consecuencia, reconstruir dentro de esta práctica el paradigma de la genuina democracia constitucional.

Algo similar ocurre en la gramática lingüística en la que se denomina conjugación a las distintas formas que puede adoptar el verbo según las diferentes categorías de persona, número, tiempo, etc. El conjunto de esas formas constituye pues el paradigma verbal, el cual es posible construir una y otra vez en la práctica a través de las reglas de conjugación o flexión verbal, aun en el caso de que, como suele ser habitual en los lenguajes naturales, aparezcan nuevos verbos. En este último caso, los verbos regulares tendrán cabida en alguna de las conjugaciones existentes mientras que para los irregulares será la autoridad académica la encargada de señalar los rasgos específicos que presenta la irregularidad y cuál es la flexión correcta[51].

---

[50] Es decir, se atendrían a la forma canónica «*X* cuenta como *Y* en el contexto *C*» que según SEARLE (1969: 42 ss.) adoptan las normas constitutiva. Según este autor, la diferencia entre «hechos naturales» o «brutos» y «hechos institucionales» tan solo puede explicarse en términos de normas constitutivas ya que estas «crean» la actividad misma que regulan haciéndola posible, cfr. SEARLE (1998: 103 ss.).

[51] Sobre el paradigma verbal y las reglas de conjugación *vid.* ALARCOS (1994: 191 ss.).

Con independencia de la mayor o menor fortuna del símil entre lengua y habla por un lado y constitución y legislación por el otro, lo cierto es que el segundo término de cada par hace referencia a una práctica que encuentra su criterio o patrón de corrección en las reglas constitutivas expresadas por el primero[52]. Ocurre, sin embargo, que en el constitucionalismo democrático, a diferencia de lo que ocurre con las academias de los lenguajes naturales, la previsión de un órgano colegiado de expertos encargado de fijar cuál es el uso correcto de las reglas reglas constitutivas de esa práctica, no es pacífico. Los defensores del control de constitucionalidad de la ley no parecen albergar ninguna duda de que esta es la consecuencia que se deriva necesariamente del pacto político que da luz a la constitución[53]. Otros, sin embargo, aun admitiendo en algún grado el carácter contramayoritario del control de constitucionalidad, lo entienden como el instrumento adecuado para evitar los peligros derivados de abandonar los derechos y libertades básicas al albur de mayorías puntuales[54]. Sin que falten opiniones, por

[52] Al fin y al cabo, como afirma WITTGENSTEIN (1953: 203 y 211) «seguir la regla» es una práctica § 202 y § 217; «Seguir una regla, hacer un informe, dar una orden, jugar una partida de ajedrez son costumbres (usos, instituciones)» (*ibidem*, § 199, p. 201). Sobre cómo las reglas constitutivas o determinativas, como las denomina Von Wright, señalan los patrones fijos de las prácticas institucionales como ocurre en el caso de los juegos o las grámaticas de los lenguajes naturales. Cfr. VON WRIGHT (1963: cap. I, V y VII) y VILAJOSANA (2010a: 25).

[53] En el ámbito europeo continental Hans Kelsen, que es sin duda el máximo valedor del control de constitucionalidad, da por descontado que la «exigencia en términos de *política jurídica* de introducir garantías de la Constitución, es decir, de instituciones por medio de las cuales se controla la constitucionalidad del comportamiento de ciertos órganos del Estado inmediatamente subordinados a ella, como el Parlamento o el Gobierno, responde al principio específico de máxima juridicidad de la acción estatal, propia del Estado de Derecho»; cfr. KELSEN (2009: 292), cursivas en el original. Algo similar ocurre en el ámbito americano en el que la *Judicial Review* ha sido entendida desde sus comienzos como un ejercicio de depuración «de todos los actos contrarios a la Constitución»; cfr. HAMILTON, MADISON y JAY (1780: 331). Entre nosotros esta senda ha sido seguida también por iusfilósofos y constitucionalistas. Entre los primeros, PRIETO SANCHÍS (2003: 150), afirma que «la existencia de una Constitución como norma suprema reclama como corolario indispensable la presencia de una garantía jurisdiccional», por lo que «la justicia constitucional se muestra como una exigencia ineludible o, cuando menos, como un elemento cualificador de la Constitución». Entre los segundos cabe destacar la trascendencia que le otorga ALÁEZ (2000: 384, n. 273) para quien el control de constitucionalidad se «erige en el instrumento autorreferencial que substituye al derecho de resistencia bajomedieval y moderno, de ahí su importancia para la preservación de la «positividad» del sistema y la supremacía constitucional».

[54] En este sentido se pronuncian, por ejemplo, BICKEL (1962: 16 ss.); CAPPELLETTI (1989: 207); DWORKIN (1996: 15); FERRAJOLI (2001: 25), y, entre nosotros, FERRERES (1997:

último, que no encuentran justificación alguna para la revisión de las decisiones adoptadas democráticamente por parte de la representación mayoritaria [55]. De todas maneras, no es ninguno de estos aspectos en los que, por varias razones, pretendo hacer incidencia aquí.

En primer lugar, porque creo que el carácter contramayoritario del procedimiento de revisión de la constitucionalidad de las leyes, como certeramente escribió Bickel, es palmario y en aquellos casos en los que haya que decidir sobre asuntos controvertidos parece apropiado e incluso conveniente que sea la representación mayoritaria la competente para ello y asuma, en consecuencia, el riesgo de adoptarlas [56].

En segundo lugar porque, como afirma Moreso (2009: 145), Bayón ha expuesto con meridiana claridad que «la rigidez es condición necesaria, aunque no suficiente de la supremacía» constitucional, por lo que esta no implica necesariamente el control de constitucionalidad de las leyes.

En tercer lugar, porque como también ha expresado con acierto Bayón (2004: 127 ss.), el diseño institucional que adopte el constitucionalismo democrático es dependiente de la cultura jurídico-política y, en consecuencia, lo que puede ser adecuado para una sociedad determinada puede tener efectos perversos en otra diferente.

En cuarto y último lugar, porque cuando menos resulta de dudosa justificación conceder la última palabra a un órgano colegiado de expertos sobre determinadas cuestiones controvertidas desde el momento mismo en que, como afirma Estlund (2008: 102), «los propios ciudadanos cualificados discreparán acerca de quién debe contar como experto».

Mi propósito es mucho más limitado. Me interesa únicamente comprobar la coherencia interna de un diseño institucional que prevé dos procedimientos de decisión diferentes sobre idénticas materias. Me serviré

---

40 ss.); Garzón Valdés (1989: 644 y 2000); Hierro (2002: 34), o Moreso (1997: 180, 1998: 14 y 2000: 16, 17, 27 y 41).

[55] Claramente en contra del procedimiento de revisión Waldron (1993: 28 y 30; 199: 249) y paradigmáticamente los defensores de la democracia deliberativa, así, por ejemplo, Nino (1991 y 1996: cap. 7); Pettit (1997: cap. 6), o Martí (2006: 287 ss.). También han expresado críticas al procedimiento de revisión aunque más matizadamente, Laporta (2001: 463 y 2003); Ruiz Miguel (2003 y 2004); Bayón (1998: 200 y 2004), y De Lora (2002 y 2003).

[56] En este mismo sentido Bickel (1962: 201), y Ely (1980: 131 ss.).

para ello de la idea de «conceptos conjugados» que procede de un breve ensayo de Gustavo Bueno (1978) que hasta donde conozco no ha sido posteriormente desarrollado. Es necesario aclarar que Bueno se refiere en todo momento a conceptos no a procedimientos, pero creo que es posible extenderlo a estos últimos sin mayor problema ya que en buena parte de este ensayo hace referencia a prácticas institucionales.

Este autor denomina conjugados a aquellos pares de conceptos (A/B) entre los cuales existe algún tipo de vínculo mediante el cual es posible reconstruir la historia de ambos de forma tal que la de cada uno de ellos queda totalmente unida a la del otro. A continuación, Bueno distingue dos procedimientos diferentes de conexión o conjugación. El primero hace referencia a lo que denomina «conceptos totales» y a los procedimientos que los vinculan de «forma holística». Para ejemplificar este primer tipo de conjugación Bueno se sirve, entre otros, de la conexión necesaria que para el Iusnaturalismo existe entre Derecho y Moral[57]. El segundo procedimiento de conjugación hace referencia a conceptos o instituciones que es posible dividir o diferenciar en partes homogéneas, de tal forma que la conexión de las partes de uno de esos procedimientos o instituciones tiene lugar precisamente a través del otro término del par. Para ejemplificar este segundo tipo de conexión Bueno ofrece ejemplos procedentes de la geometría, como es el caso de los diferentes segmentos que conforman la perpendicular de una recta. Cuando este último procedimiento de conjugación es viable, es decir, cuando pueda probarse que uno de los términos del par (B) es o representa de algún modo la relación de conjugación que existe entre las partes del otro término (A) —para lo cual, según este autor, caben sin duda diferentes grados—, tales conceptos o procedimientos pueden tratarse como conjugados. Esto, siempre según Bueno, permite diferenciar los conceptos y procedimientos conjugados de aquellos otros que se mantienen en relación de oposición recíproca, como pueden ser, por ejemplo, los pares anverso/reverso; frío/caliente o bueno/malo.

Pues bien, a pesar de que el vocabulario que utiliza Bueno es muy complicado y no es sencillo comprender cuál es el alcance práctico de esta distinción, creo que es posible servirse de ella para reconstruir la relación de conjugación que a mi juicio existe, en un diseño institucional de la democracia que prevea la revisión de las leyes, entre la legislación y la

---

[57] Cfr. BUENO (1978: 89-90).

jurisdicción constitucional. No me detendré en el primer procedimiento de conjugación que sirve, según la terminología de Bueno, para vincular los «conceptos totales» de «forma holística» ya que, desde mi punto de vista y como ha quedado suficientemente expuesto hasta aquí, resulta palmaria la incorporación de conceptos morales en el núcleo mismo constitucionalismo democrático[58]. Me limitaré, por tanto, a comprobar la viabilidad del segundo de los procedimientos de conjugación, es decir, de aquel que puede ser aplicado a instituciones en las que es posible diferenciar siquiera mínimamente entre las diferentes partes que la componen.

Para mantener hasta donde sea posible la terminología buenista supondré que el primero de los términos del par (A) es la legislación y el segundo (B) la jurisdicción constitucional. Desde el momento en que, como vimos, legislar es una práctica institucional cuyas normas constitutivas tienen diferente estructura, es posible entender esta práctica bien en un sentido extensional, o distributivo como lo denomina Bueno, o bien en un sentido intensional, o atributivo en la terminología de este autor. De acuerdo con el primero de ellos, el extensional o distributivo, pueden ser identificadas las diferentes clases o partes que componen la función legislativa. Las particularidades específicas de cada una de ellas vendrían señaladas en las normas constitutivas de la práctica institucional, pero no por todas, sino tan solo por aquellas que tienen estructura de reglas y se refieren a la competencia y el procedimiento para decidir. De acuerdo pues con el criterio extensional o distributivo sería posible distinguir entre las diferentes formas que adopta la ley, a saber, leyes orgánicas, leyes ordinarias, decretos-leyes, decretos-legislativos, etc., o cualesquiera otras formas previstas por las reglas constitutivas del diseño institucional que tengan como requisito la intervención de la representación mayoritaria bien para decidir directamente o para delegar su competencia en el gobierno.

De acuerdo con el segundo sentido, el intensional o atributivo, sería posible identificar no ya las diferentes clases o formas que adopta la ley, lo cual vendría ya indicado por el primero, sino si cada una de estas formas se adecua a lo exigido por las normas que atrincheran y especifican el criterio de excelencia de la democracia constitucional. Es decir, si son conformes a las exigencias de las normas que enuncian los derechos y libertades.

---

[58] Sobre ello *vid.* NINO (1990: 320-3), y RAWLS (1993: 85-7).

Pues bien, si es posible diferenciar entre las diferentes partes de las que está compuesto el primer término del par, la legislación, ello quiere decir que también es posible definirla como un conjunto formado por elementos o partes homogéneas ($L_1, L_2, L_3,...L_n$) de la clase o forma jurídica ley. Pero si se da el caso, como creo que ocurre en el diseño institucional de la democracia constitucional que prevé la revisión de constitucionalidad de las leyes, de que el segundo término del par, la jurisdicción constitucional, se intercala en la extensión o intensión de las partes del primero hasta el punto en que su vigencia quede totalmente mediatizada por las decisiones que adopte este órgano; entonces nos encontramos ante una relación de conjugación entre ambos procedimientos.

La consecuencia teórica que puede extraerse de ello, ya que como he dicho anteriormente siguiendo a Bayón las virtudes o defectos prácticos de cada diseño institucional dependen del contexto político-jurídico, es que un diseño institucional que prevea genéricamente la revisión de constitucionalidad de las leyes adolece de algún grado de ineficiencia, si no de incoherencia, al otorgar competencia a dos órganos diferentes, uno con legitimidad democrática directa y otro carente de ella, para decidir sobre idénticas materias[59]. En efecto, bien sea que la decisión verse sobre las condiciones de aplicación de las reglas del sistema, es decir, sobre la vertiente extensional de la ley; bien sobre la intensión de los conceptos densos o controvertidos que incorporan las normas que enuncian los derechos y libertades, no se acierta a ver claramente cuál es la razón de esta duplicación de procedimientos.

Si la justificación reside en la tiranía que pueden ejercer las mayorías sobre las minorías o incluso los propios representantes contra los ciudadanos, que los han elegido o no, entonces decae por completo el ideal de la democracia constitucional ya que este dice muy poco acerca de la responsabilidad real con que unos emiten sus preferencias y otros ejercen su función institucional[60]. Ahora bien, si la justificación no reside en lo anterior sino en la necesidad de disponer de un intérprete adecuado de los conceptos controvertidos o densos que incorporan los derechos y liber-

---

[59] Creo que este es el sentido en el que apuntan las «reformas constitucionales» y «la deliberación en las estructuras representativas» que propone MARTÍ (1996: 285 ss.).

[60] Creo que sobre este aspecto poco se puede añadir a lo dicho por RAWLS (1993, cap. II) sobre lo racional y lo razonable del poder de los ciudadanos y sus representantes.

tades; es decir, si la razón se refiere a la mayor competencia epistémica de los tribunales constitucionales frente a los parlamentos[61], entonces quizá lo correcto sería que se ejerciera el control previo de todas las decisiones adoptadas por los parlamentos, aun a riesgo de que con ello decayera también el ideal de la democracia representativa al verse esta tutelada en todo momento por el criterio de los expertos.

En mi opinión, esta duplicidad de procedimientos se debe en buena medida a la notable influencia que tradicionalmente ha ejercido el pensamiento jurídico en el diseño institucional de la democracia constitucional. En particular a la máxima de que nadie puede ser juez y parte en la misma causa y, en consecuencia, que es necesario disponer de un órgano de control que garantice la correcta aplicación de las normas constitutivas. Pero frente a esto cabe hacer algunas observaciones.

La primera es que la representación mayoritaria en la democracia constitucional es una autoridad limitada y condicionada, por tanto, a la realización de lo que disponen las normas constitutivas[62].

La segunda se refiere a la diferencia que existe entre la función judicial genérica y la específica de la jurisdicción constitucional. En efecto, tal y como se acaba de ver, el desarrollo extensional de la clase o función ley Q (L), *i.e.*, Q (L_1), Q (L_2), Q (L_3), ...Q (L_n), determina o especifica las propiedades de las distintas formas que adopta la ley y en mayor grado aún de las normas de rango inferior al de la ley, lo cual permite hablar de orden normativo. Es decir, de una relación normativa basada en un criterio de supra e infraordenación que repercute o delimita la intensión de las normas inferiores[63]. En este sentido, puede afirmarse que cada desarrollo o innovación que se produzca en el ordenamiento jurídico, que como antes había dicho

61 En relación con la técnica de «reenvío de la ley» vigente en la actualidad en Canadá y que concede la última palabra al Parlamento y no al tribunal, más coherente, por tanto, con una genuina democracia representativa *vid.* GARGARELLA (1996: 174 ss.), y BAYÓN (2004).

62 Sobre la relación de dependencia que mantiene la autoridad constituida y el carácter fáctico de la «autoridad suprema» como la denomina VON WRIGHT (1963: 192); o del «soberano», al que se refiere GARZÓN VALDÉS (1993: 197); o, en fin, la independencia para la creación normativa de «la autoridad preinstitucional suprema —que, como versión mejorada del soberano, propone PÉREZ TRIVIÑO (1998: 94)—.

63 Así lo ponen de manifiesto ALCHOURRÓN y BULYGIN (1972: 67-71 y 92-107), y RODRÍGUEZ (2002: 39 ss.),

siguiendo a Vilajosana da lugar a sucesivos sistemas dentro de un mismo orden, se presenta como fuente de nuevas propiedades para las normas inferiores que vienen fijadas por las superiores [64]. Ahora bien, el alcance o intensión que en cada caso particular tienen esas normas en el contexto de aplicación queda mediatizado por la función judicial [65]. De ahí que Ferrajoli (1995: 120-1) exija del legislador una connotación precisa de las figuras abstractas de delito y de los conceptos penales que permita «en el ámbito de la aplicación de la ley, la denotación jurídica (o calificación, clasificación o subsunción judicial) de hechos empíricos exactamente determinados» [66]. Pero como bien dice Ferrajoli, la connotación de los conceptos controvertidos que expresa la constitución, en tanto que decisión política, es una función que corresponde ejercer a la representación mayoritaria, no a un órgano no representativo, carente, por tanto, de la legitimidad democrática que se le atribuye a los parlamentos [67].

La tercera razón, en fin, tiene que ver con el modo en que se relacionan las normas constitutivas de esta práctica institucional con los actos o decisiones que finalmente adopta la representación mayoritaria. Ahora bien, a mi juicio, esto último no se refiere tanto a la validez de la ley cuanto a las incoherencias pragmáticas que quepa apreciar en las decisiones de la representación mayoritaria, como trataré de mostrar con más detalle en el siguiente capítulo.

---

[64] Hacen referencia a ello, AARNIO (1986); ALCHOURRÓN (1986); AGUILÓ (2000: 77-8), y ATIENZA y RUIZ MANERO (2003: 730).

[65] Así lo expresan claramente AGUILÓ (2000: 111), y KALINOWSKI (1967: 170 ss.).

[66] Asimismo *vid.* TARELLO (1974: 395); GUASTINI (1997: 287 ss.), y TAMAYO (2003: 68 ss.).

[67] Si convenimos con NINO (1994: 147) en «concebir las decisiones y acciones jurídicas como contribuciones a prácticas colectivas», parece que «la naturaleza esencialmente política del derecho» se encuentra aquí en su punto más álgido.

Capítulo tercero

LA VALIDEZ DE LA LEY EN LA DEMOCRACIA CONSTITUCIONAL. UN ANÁLISIS METAJURÍDICO EN TRES NIVELES

El concepto de validez es sin duda uno de los más complejos y problemáticos en teoría del Derecho. Por ello, tras la homonimia del término aparecen diferentes conceptos de validez. En algunas ocasiones se entiende por validez la pertenencia de las normas a un orden jurídico; en otras, validez hace referencia a la eficacia o a cómo han sido producidas [1].

Estos usos del término validez, que son tan solo algunos de los más habituales, remiten a su vez a conceptos no menos complejos como son, por ejemplo, los de existencia, normatividad, vigencia, juridicidad, obligatoriedad, etc. Como señala Delgado Pinto:

> «la validez de las normas jurídicas ocupa una posición crucial en cualquier filosofía del derecho, ya que al abordarla e intentar solucionarla entran en juego los presupuestos ontológicos y epistemológicos de la misma» [2].

Si a esto se añade que para reconstruir lo que quepa entender por orden o sistema jurídico es necesario hacer referencia a los conceptos de norma y normatividad sobre los que versa, a su vez, el de validez, parece evidente la ambigüedad radical del término. Es posible que en algunos casos la ambigüedad sea meramente contextual, en otros, sin embargo, como indica Farrell [3], se trata de una ambigüedad relacional, lo que sin

---

[1] Cfr. Peña Freire (1999: 99), y Moreso (2002: 96-7).

[2] Cfr. Delgado Pinto (1990: 107).

[3] «[L]a validez no es una propiedad de las normas, sino una relación entre la norma y el criterio elegido: cuando la norma se ajusta al criterio que la considera válida», cfr. Farrell (1972: 23-4).

duda genera mayores problemas ya que el significado del término validez depende del tipo de relación que se pretenda defender y, en consecuencia, de la posición teórica que se adopte con respecto al Derecho.

Dado que el interés de este trabajo se centra en la legislación de la democracia constitucional, no será necesario realizar una clasificación previa de los múltiples usos o acepciones que cobra el término validez en el ámbito más general del Derecho. Sí conviene advertir que salvo indicación en contrario en este capítulo me referiré a criterios y no al concepto de validez. Como dije en el capítulo anterior, el concepto de validez de la legislación democrática es un concepto complejo por lo que considero conveniente deslindar los criterios del concepto por varias razones.

En primer lugar, porque creo que no pocas de las confusiones que se producen en relación con el término validez traen causa del uso de diferentes criterios de validez que se presentan como irreductibles entre sí cuando en mi opinión no necesariamente es así. En segundo lugar, porque en este capítulo me ceñiré al análisis de las normas constitutivas de esta práctica institucional de las que resultan a mi juicio diferentes criterios de validez. En tercer lugar, porque como espero poder mostrar estos criterios, pese a ser diferentes, no son excluyentes sino complementarios entre sí. En cuarto lugar, y por último, porque aunque algo se irá diciendo a lo largo de este capítulo, reservo el término «concepto» para el siguiente en el que expondré en qué consiste la modificación que a mi modo de ver ha causado la democracia constitucional en la validez de las leyes.

Pero para analizar este concepto complejo de validez en la democracia constitucional, quizá sea conveniente recuperar algunas nociones básicas. Sabemos ya que las normas constitutivas de esta práctica institucional son, al menos *ab initio*, las normas independientes del sistema. Nos consta también que estas normas son asistemáticas y carecen de criterio de validez. Dado que en ellas tiene origen el sistema jurídico es lógico suponer que se ha de encontrar también en ellas el criterio o criterios de validez de las restantes, de las normas dependientes.

Comenzaré entonces con un breve análisis de la noción genérica de sistema, que permitirá clarificar ante qué tipo de sistema estamos cuando nos referimos al sistema u orden jurídico (apartado 1). A continuación, y dado que como también sabemos las normas constitutivas poseen diferente estructura lingüística, propondré en el segundo apartado un esquema de análisis del sistema jurídico basado en los tres ejes tradicionales de la semiótica lingüística. A partir de las relación sintáctica, trataré de mostrar en el apartado 3 el criterio de validez formal que resulta de las normas independientes del sistema, así como su importancia para la identificación posterior de las normas dependientes. Es decir, de las decisiones adoptadas por la representación del nosotros que dan continuidad en la práctica al pacto constitucional. En el apartado 4 analizaré la dimensión semántica de las normas. Esta dimensión nos permitirá comprobar las discrepancias que genera en relación con la ontología de las normas y de qué modo se ve afectada por ello la coherencia interna del sistema jurídico. Por último, en el apartado 5, examinaré la adecuación de la práctica institucional a sus propias reglas constitutivas así como la consecuencia que las incoherencias pragmáticas en las que puede incurrir la representación del nosotros tienen para la continuidad en la práctica del pacto político.

1. EL CONCEPTO GENÉRICO DE SISTEMA

Sistema, al igual que ocurre con validez, es también un término ambiguo. Los diferentes usos y aplicaciones que recibe expresan más de un concepto. Podría decirse incluso que el término sistema expresa, antes que un concepto, una «idea filosófica» u «objetiva» que se forma a partir de conceptos homónimos pero usados de forma diferente dependiendo de la categoría a la que se apliquen (Bueno, 1995: 45). Pero ciertamente por esta vía no parece posible avanzar en su clarificación.

El origen de este término parece proceder de la noción estoica de *systema*, si bien se consolida su uso durante la modernidad. Leibniz (1714: § 56), por ejemplo, se refiere al sistema de conocimiento. El uso del término sistema se va generalizando a partir de entonces y se emplea en otros campos del conocimiento: matemáticas (Leibniz, Newton), botánica (Llineo), filosofía (Kant y Hegel)[4]. A lo largo del siglo XIX el término es incorporado a las denominadas ciencias sociales (sociología, lingüística, antropología) y a partir de los inicios del siglo XX cobra relevancia en las ciencias formales o puras: la corriente formalista de Hilbert con la noción de «sistema formal axiomático» y en lógica aparece ligado a la noción de modelo, por ejemplo, en Tarski.

---

[4] Cfr. VELARDE (2000: 527).

Por otra parte es bastante usual que el término sistema se use para hacer referencia tanto a realidades sociales (el sistema político, económico, educativo) como a naturales (el sistema solar, el sistema nervioso o los ecosistemas). Al mismo tiempo la expresión sistema parece adolecer de la ambigüedad proceso/producto, ya que en ocasiones hace referencia al proceso de conocimiento de un sistema y en otras al resultado del mismo; como ocurre, por ejemplo, con los sistemas cibernéticos y los interpretativos. Por último, y sin ninguna pretensión de exhaustividad, se alude en ocasiones a sistemas reales y, en otras, a sistemas conceptuales.

La ambigüedad no es menor en el caso de los sistemas jurídicos, lo cual se debe en gran medida a la disparidad de criterios en torno a la ontología de las normas que los integran. En algunas ocasiones tales normas se entienden como entidades ideales o abstractas[5]. En otras, como entidades concretas que son resultado de la actividad humana, textos o enunciados lingüísticos[6], por ejemplo, o el resultado de la interpretación de esos enunciados, o una combinación de ambas cosas al mismo tiempo[7]. No me extenderé más sobre este punto que más adelante retomaré. Baste con decir por ahora que según Caracciolo (1996: 183) la elección del concepto, abstracto o concreto, determina una cierta ontología de las normas y, por tanto, sus condiciones de existencia.

1.2. El sistema jurídico

Algo similar ocurre con los sistemas jurídicos cuya ontología depende de que se conciban como entes abstractos o concretos[8]. Vilajosana, por ejemplo, se inclina por esta última opción, pero diferencia entre dos tipos

---

[5] A ello parece referirse Von Wright (1963: 109), ciertamente no con mucha claridad, al distinguir entre norma y formulación normativa. Y expresamente Alchourrón y Bulygin (1971).

[6] Es el caso de Hernández Marín (1989: 50), para quien las normas jurídicas no son otra cosa que «entidades lingüísticas (enunciados) inscritas en papel».

[7] Sobre los problemas que esto plantea en Von Wright remito a Vilajosana (2010a: 30 ss.) y la bibliografía allí citada.

[8] Sobre la dificultad que entraña considerar a las normas como componentes de un sistema sin aclarar previamente si ésas se consideran entidades concretas o abstractas y la confusión a la conduce en relación con la ontología de los sistemas normativos, *vid.*, Caracciolo (1996: 190 ss.).

diferentes de sistema, uno ideal o modélico y otro real. Ambos son el resultado de una actividad racional llevada a cabo bien por los «científicos» o «dogmáticos» del Derecho, bien por el propio legislador.

En el primer caso, es decir, en el caso de la sistematización del material jurídico previo por parte del científico, que constituiría entonces una realidad asistemática, cabría diferenciar tres niveles del lenguaje, a saber, el empleado por el legislador, el que se utiliza para construir el modelo (dentro del cual tendría cabida lo que este autor denomina «el supuesto epistemológico» del sistema jurídico) y, en tercer lugar, el lenguaje mediante el que se describe el modelo [9]. En el segundo caso, que denomina «supuesto ontológico», el sistema sería el resultado de la actividad del legislador, la cual cabe suponer racional y sistemática.

Vilajosana se decanta por esta última opción. Pero antes afirma que dada la diferencia entre ambos criterios «nada obsta para que dada la afirmación fáctica acerca de la existencia de un derecho determinado no se siga que el mismo constituye un "sistema"» [10], lo cual no deja de sorprender. Ciertamente puede darse el caso de la existencia fáctica de un «derecho determinado» que no constituya un sistema, por ejemplo una constitución, que como sabemos se integra únicamente por normas independientes que no tienen por qué satisfacer entre sí ninguna relación sistemática. Pero además de lo anterior, si hemos de suponer que el legislador actúa racional y sistemáticamente parece que el resultado de su actividad no puede ser otra cosa que un sistema que, por decirlo con Caracciolo (1988: 70), «se integra por la diferencia del conjunto de normas promulgadas y el conjunto de normas derogadas». Otra cosa es que alguna de esas normas promulgadas y no derogadas no satisfaga (o sea dudoso que satisfaga) la relación de pertenencia al sistema, lo cual puede llevarnos nuevamente a comparar «el supuesto epistemológico» con el «ontológico» y con ello al problema sobre la ontología de las normas.

De todas formas, creo que la distinción de Vilajosana es importante, además de útil, para reconstruir lo que los juristas entienden por sistema u ordenamiento jurídico. En lo que sigue, me atendré, por tanto, al «supuesto ontológico» cuando haga referencia al sistema jurídico. Es decir, entenderé

---

[9] Cfr. VILAJOSANA (2010a: 73-4). Sobre la función de sistematización de la dogmática jurídica, *vid.,* ALEXY (1978: 241 ss.).

[10] Cfr. *id.*, 74.

que la divergencia clásica sobre si el sistema jurídico puede ser considerado como un sistema «tópico» o «abierto» o si por el contrario se adapta mejor al modelo «deductivo» [11], queda circunscrita al ámbito del sistema de normas que tiene origen en las normas independientes o, lo que es lo mismo, en un hecho empírico que es posible localizar espacial y temporalmente.

Esta forma de entender el sistema jurídico no está exenta de problemas. Ciertamente afirmar que el sistema jurídico tiene origen en un hecho empírico parece implicar que es posible deducir normas de hechos ya que el sistema está integrado por normas, lo que obviamente no es así: de un hecho tan solo se puede deducir un enunciado acerca de los hechos, no una norma. No obstante, creo que la objeción puede ser salvada si se tiene en cuenta un par de aclaraciones previas. La primera se refiere al tipo de prueba que requieren los enunciados que admite una teoría y, como señala Caracciolo siguiendo a Carnap:

> «si las pruebas son empíricas, los referentes son entidades espacio-temporales. Si las pruebas son lógicas, la verdad de las proposiciones teóricas es necesaria e independiente de cualquier suceso en la dimensión espacio-tiempo» [12].

Dado que el sistema de normas que aquí interesa es el que tiene origen en las normas independientes expresadas en la constitución, parece que nos encontramos más cerca de lo primero que de lo segundo, es decir, de las pruebas empíricas que de las lógicas. La segunda es que, como resulta evidente, afirmar que el sistema jurídico tiene origen en un conjunto finito de normas, es decir, en las normas independientes expresadas en la constitución, no implica ningún compromiso con la ontología de las normas que integran el sistema. Las normas independientes, como su propio nombre indica, dan origen al sistema pero entre ellas no tiene por qué existir ningún tipo de relación sistémica, como de hecho ocurre. Lo cual es muy diferente de afirmar que el resto de normas que integra el sistema S que tiene origen en las normas independientes necesariamente deba ser identificado también a partir de un hecho empírico, como la promulgación, ya que nada impide que pueda ser determinado a partir de consecuencias lógicas. Otra

---

[11] A ello se refiere BERTALANFFY (1968: 206) al diferenciar entre «la aplicación práctica de la teoría de sistemas» a la ciencia natural y a la social.

[12] Cfr. CARACCIOLO (1996: 186).

cosa es que S ya no quede definido por el criterio empírico y, en consecuencia, no todas sus normas sean positivas, o hayan sido promulgadas [13]. Si se tiene en cuenta este par de salvedades creo que no hay ningún problema para diferenciar las condiciones de existencia de una entidad de los rasgos o características que hacen de esa entidad un sistema.

Ahora bien, una vez hecha la precedente aclaración, es importante recordar que lo que aquí interesa es la legislación en la democracia constitucional. Es decir, el resultado de una clase de hechos empíricos, a saber, los actos de promulgación (y derogación) realizados por los parlamentos a partir de lo dispuesto en las normas independientes, o lo que es lo mismo, que vienen autorizados por un conjunto finito de normas anterior a ellos [14]. Nos interesan pues los hechos institucionales realizados a partir de las normas constitutivas de esta práctica y, por tanto, conocer cuál es la relación que deben mantener las normas que son resultado de ellos para constituir un sistema, si es que tal cosa es posible.

Sabemos ya que no necesita ser, aunque pueda serlo en algunos casos, una relación de deducibilidad, dado que esta es propia de las entidades que integran los sistemas que satisfacen relaciones de implicación lógica y este no es el caso de los sistemas jurídicos. Parece entonces que el tipo de relación sistemática apropiada para el sistema jurídico es el de legalidad. Esta requiere que las normas independientes del sistema sean identificadas por su contenido específico, particularmente, porque autorizan la promulgación de otras normas. Ahora bien, según indica Caracciolo (1996: 188-9), hay dos formas de entender la relación de legalidad. La primera es aquella mediante la cual se consideran normas dependientes del sistema S todas aquellas cuya promulgación viene autorizada por otras normas pertenecientes a S, sean estas independientes o dependientes. La segunda, que denomina «la versión estándar de un sistema normativo», la relación de legalidad se satisface si, y solo si, la norma cuyo acto de promulgación se encuentra autorizado por otra norma N del sistema S, ha sido realmente promulgada.

La diferencia no carece de importancia ya que, como Caracciolo afirma, para saber si una norma pertenece a S en el primer caso hay que responder a una pregunta conceptual. En el caso de la versión estándar, por el contrario, la pertenencia de N a S es una cuestión empírica y, por

---

[13] Cfr. CARACCIOLO (1996: 202).

[14] Esta es la definición de orden jurídico de ALCHOURRÓN y BULYGIN (1976).

tanto, contingente, dado que depende del hecho de que N haya sido o no efectivamente promulgada. Esta última es la relación que aquí interesa, no solo porque sea la versión estándar de los sistemas normativos, sino porque lo es también del positivismo jurídico [15]. Y lo que aquí se trata de conocer es el criterio de validez de la legislación democrática, es decir, de normas positivas que adquieren vigencia mediante actos del legislador, o lo que es lo mismo, mediante hechos institucionales. Puede decirse entonces que toda norma N1 satisface la relación de legalidad, o si se prefiere de pertenencia, si su promulgación ha sido autorizada por otra norma N, independiente o dependiente, que también pertenece a S. En consecuencia, todas las normas promulgadas, existentes e identificadas como pertenecientes a S, excepto las normas independientes, deben satisfacer esta relación para poder hablar coherentemente de sistema jurídico.

Esta definición se adecua, por lo demás, a la que habitualmente maneja la teoría general de sistemas, como la propuesta por Bertalanffy (1968) y la teoría de sistemas de Luhmann (1974: 45 ss. y 1980: 132), que requieren la existencia de un conjunto de elementos relacionados entre sí de tal forma que i) ninguno de ellos se encuentre completamente aislado de los demás; ii) cada uno de estos elementos sea función como mínimo de otro elemento del sistema, y iii) que esta relación entre ellos sea lo que efectivamente determina su integración sistemática. Prescindiré aquí de ulteriores consideraciones acerca de la autorregulación o funcionamiento autopoiético del sistema al que se refiere Luhmann ya que en rigor proviene de un uso analógico del proceso metabólico de los sistemas biológicos naturales que en nada afecta a mi entender al funcionamiento de los sistemas jurídicos [16].

La precedente definición asume pues que lo que habitualmente se conoce como sistema jurídico es una construcción, es decir, el resultado de actos humanos. Para poder identificar las normas positivas que lo integran es condición necesaria, aunque no suficiente, el suceso de un hecho empírico: la ocurrencia efectiva del hecho institucional de promulgación de nuevas

---

[15] Esta es la tesis que subyace a la *Stufenbau* de KELSEN (1960: 202 y 207); al conjunto de «reglas primarias» y «secundarias» que componen el orden jurídico, según HART (1961: 101); a la «cadena de subordinación» a la que se refiere VON WRIGHT (1963: 203 ss.) y a la «unidad del orden jurídico» de la que habla RAZ (1979: 158-9).

[16] Para ello remito al lector interesado a MATURANA y VARELA (1980) donde se encuentra la explicación del funcionamiento autopoiético de los sistemas naturales de la que se sirve el análisis funcionalista del Derecho.

normas, es decir, de leyes por parte de los parlamentos democráticos. Dado que esto tampoco implica asumir ningún compromiso con la ontología de las normas, sino que sirve únicamente para circunscribir el ámbito de análisis a las normas positivas, o lo que es lo mismo, a las promulgadas, el interrogante ontológico se transforma en una pregunta conceptual, a saber ¿cuál es la relación que existe entre las normas constitutivas y los hechos institucionales realizados efectivamente por los parlamentos? La respuesta a esta pregunta debe servir entonces, como indica Caracciolo (1996: 200), para reconstruir la dinámica del sistema jurídico.

Pues bien, dado que los hechos institucionales tan solo pueden ser expresados y conocidos a través del lenguaje, trataré en lo que sigue de analizar la relación que existe entre los enunciados o proposiciones que expresa el legislador, es decir, las leyes promulgadas, y las normas constitutivas de esta práctica o hecho institucional [17]. Me serviré para ello, como antes anuncié, de los tres ejes de la semiótica lingüística.

2. LOS TRES EJES DE LA SEMIÓTICA COMO ESQUEMA HEURÍSTICO DE ANÁLISIS

En el capítulo anterior habíamos visto que las normas independientes presentan diferente estructura lingüística, lo cual permitía realizar una primera distinción entre ellas en función de sus condiciones de aplicación. Dije entonces que las que otorgan competencia y señalan el procedimiento a seguir para adoptar decisiones tienen condiciones de aplicación más precisas y, en consecuencia, pueden ser caracterizadas como reglas. Las que enuncian los derechos y libertades carecen por el contrario de esa propiedad debido a que incorporan conceptos morales o densos. Para ser aplicadas requieren del recurso a la ponderación ya que sus condiciones colisionan frecuentemente entre sí. Estas últimas, por tanto, se asemejan más a los principios. Unas y otras, como vimos también, conforman las normas constitutivas de una práctica institucional cuya finalidad es dar continuidad al criterio de excelencia de la democracia constitucional. Con-

---

[17] Es decir, entre hechos que ocurren empíricamente en un espacio y un tiempo determinados mediante los cuales se modifica el sistema jurídico (ALCHOURRÓN y BULYGIN, 1981: 125 ss.) o tiene lugar la sucesión espacio temporal de nuevos sistemas jurídicos (VILAJOSANA, 1997: 19 ss.).

viene ahora afinar un poco más el análisis de estas normas constitutivas cuya caracterización dista mucho de ser unánime[18].

2.1. Las reglas del juego institucional

Las reglas constitutivas, según afirma Searle (1969: 43), crean y regulan una actividad que es lógicamente dependiente de ellas. Esto las diferencia de las reglas regulativas ya que estas últimas no crean ninguna actividad sino que regulan actividades previas e independientes de ellas. Las acciones que crean y regulan las normas constitutivas no pueden, por tanto, ser descritas sin apelar a ellas. Ejemplos paradigmáticos de reglas constitutivas serían las reglas de los juegos: dar «jaque mate» en ajedrez, o las de las acciones institucionales: «el parlamento aprobó la investidura»[19]. Esto hace que las normas constitutivas tengan un carácter «casi tautológico» ya que lo que ofrecen parece ser parte de una definición de la propia actividad que constituyen. De este modo, cuando nos referimos a la forma en la que se da «jaque mate» en ajedrez ello puede entenderse como lo que indica la regla o bien «como una verdad analítica basada en el significado de "jaque mate en ajedrez"»[20].

El carácter analítico de las reglas constitutivas está relacionado con su eficacia. Según Searle, aunque puede ocurrir, generalmente no van acompañadas de sanciones. Ello se debe a que no es fácil siquiera pensar de qué modo podría ser violada una regla de este tipo: cualquier desviación de la regla indicaría que no estamos ante la misma práctica sino ante otra diferente[21]. La eficacia de las reglas constitutivas es, por tanto, «necesaria».

La fórmula canónica de las reglas constitutivas sería «X cuenta como Y» o, más precisamente: «X cuenta como Y en el contexto C». Las reglas constitutivas así caracterizadas sirven para identificar los «hechos institucionales» que, según Searle (1969: 61), se diferencian de los «hechos brutos» en que estos pueden ser explicados en función de «hechos institucionales». Los «hechos institucionales», por el contrario, únicamente pueden ser explicados en términos de las reglas constitutivas subyacentes».

---

[18] *Vid.* Searle (1969); Raz (1975); Schauer (1991); Atria (2002); González Lagier (1993), y Vilajosana (2010a).

[19] Cfr. Searle (1969: 59).

[20] Cfr. *id.*, 43.

[21] Cfr. *id.*, 50.

La distinción de Searle entre reglas constitutivas y regulativas ha sido criticada por Raz (1975: 125), quien básicamente objeta a Searle que dada la caracterización que realiza de las reglas constitutivas no hay diferencia alguna entre estas y las regulativas, puesto que estas últimas también poseen una dimensión constitutiva. En consecuencia, afirma Raz, todas las reglas podrían considerarse constitutivas y regulativas a un tiempo. Ciertamente no es fácil ver de qué modo las reglas constitutivas regulan la actividad que constituyen ya que no son normas imperativas. Pudiera ser que Searle las entienda como normas que otorgan poderes o confieren potestades pero nada añade al respecto.

Una vía para salvar la objeción de Raz a Searle podría encontrarse, como propone González Lagier (1993: 271), en la comprobación del tipo de descripciones que permiten las acciones realizadas de conformidad con cada una de estas reglas. Si la acción puede describirse en términos naturales e institucionales la regla es regulativa. Por el contrario si la descripción tan solo puede realizarse en términos institucionales, es constitutiva. Vilajosana, que considera acertada la distinción de Searle pero no el criterio empleado para diferenciar entre ellas, propone un criterio de distinción alternativo que consiste en comprobar cuál es la consecuencia jurídica de uno y otro tipo de reglas. Así, mientras que las reglas regulativas correlacionan un supuesto de hecho con una calificación normativa: una acción humana obligatoria, permitida o prohibida por la regla; las reglas constitutivas atribuyen al supuesto de hecho una determinada propiedad institucional. La diferencia entre ambos tipos de reglas se encontraría entonces en la calificación normativa ya que las reglas regulativas «correlacionan un caso genérico con una solución normativa», lo que no ocurre con las reglas constitutivas que «correlacionan un caso genérico con otro caso genérico»[22].

Sea cual sea la vía por la que se opte para salvar la objeción de Raz a Searle, la del tipo de descripción que permiten las acciones que unas y otras reglas regulan, como propone González Lagier, o la de la diferente calificación normativa que reciben esas acciones como afirma Vilajosana; lo cierto es que ambas coinciden en señalar que tan solo las reglas constitutivas permiten adscribir a ciertos hechos o acciones humanas una determinada interpretación o propiedad institucional.

---

[22] Cfr. Vilajosana (2010a: 23-4), y Moreso y Vilajosana (2004: cap. III).

Por su parte Von Wright (1971: 91-2) también parece aludir a algo similar cuando diferencia entre acciones básicas, que son las que el agente realiza «simple y directamente», y otro tipo de acciones, aquellas de las que se puede decir que el agente las ejecuta «mediante la realización de alguna otra cosa». De acuerdo con esta distinción las acciones básicas permitirían descripciones no interpretativas o, en todo caso, con un nivel muy bajo de interpretación, en términos de movimientos naturales, por ejemplo[23]. Las acciones institucionales, por el contrario, requieren siempre descripciones interpretativas. Von Wright, diferencia también distintos tipos de normas. Según este autor habría tres tipos principales: las «determinativas», las «prescripciones o normas regulativas» y las «reglas técnicas o directrices»[24].

Las normas *determinativas* son aquellas que, como su propio nombre indica, determinan algo, una actividad, por ejemplo. Las reglas de los juegos o de la gramática de los lenguajes naturales serían el prototipo de estas normas. Mediante ellas se determinan los movimientos posibles en el juego o cómo se habla y escribe correctamente ese lenguaje. Es decir, la posibilidad misma del juego o de expresarse correctamente[25]. Como se puede comprobar, las normas determinativas coinciden en gran medida con lo que Searle denomina reglas constitutivas.

El segundo tipo, las prescripciones o normas *regulativas*, están directamente relacionadas con las normas jurídicas ya que van dirigidas a sujetos normativos y expresan la intención o deseo de la autoridad de que estos se comporten de una determinada manera[26]. Este segundo tipo de normas coincide básicamente con lo que Searle denomina también reglas regulativas, aunque ciertamente Von Wright hace ulteriores precisiones y una caracterización más detallada de ellas que la que puede encontrarse en Searle.

Las reglas *técnicas* o *directrices*, por último, están relacionadas con los medios a emplear para obtener un fin determinado. Las instrucciones de uso, afirma Von Wright (1963a: 9), son ejemplos de reglas técnicas porque presuponen que la persona que las sigue quiere alcanzar el resultado al que

---

[23] Cfr. González Lagier (1993: 272); *id.*, (1995: cap. I y III).
[24] Cfr. Von Wright (1963a: 6-10).
[25] Cfr. *id.*, 6.
[26] Cfr. *id.*, 7.

conduce la regla. La formulación de estas reglas es, en consecuencia, condicional: en el antecedente aparece el fin que se desea alcanzar y en el consecuente lo que se debe hacer (o no hacer) para conseguirlo. El ejemplo de este tipo de reglas que ofrece Von Wright es el siguiente: «si quieres hacer la cabaña habitable tienes que calentarla» [27]. Los enunciados de este tipo, afirma Von Wright, no son en rigor ni descriptivos ni prescriptivos. Un enunciado descriptivo tendría la siguiente forma: «si la casa quiere hacerse habitable debe ser calentada». Esta última proposición, a diferencia de la anterior, afirma que calentar la casa es condición necesaria para hacerla habitable, lo cual es verdadero o falso con independencia de que alguien desee hacer la casa habitable y, efectivamente, persiga ese fin. Enunciados como este último expresan proposiciones *anankásticas*, es decir, algo que es (o no es) condición necesaria para otra cosa.

Entre las proposiciones anankásticas y las normas técnicas existe una conexión lógica dado que el enunciado que expresa la norma «si quieres hacer la cabaña habitable tienes que calentarla» presupone lógicamente que si la cabaña no se calienta no será habitable. A pesar de ello Von Wright considera un error identificar las reglas técnicas y las proposiciones anankásticas [28]. Ahora bien, el propio Von Wright al diferenciar entre los aspectos de las normas, a saber, i) como mandatos, ii) como reglas y iii) como necesidades prácticas, señala que la diferencia entre ellas se encuentra en la formulación típica que adoptan: oraciones imperativas en el primer caso, que contienen verbos deónticos en el segundo y oraciones con verbos anankásticos en el último [29]. Es decir, tanto las proposiciones anankásticas como las normas técnicas, de las que se deriva la necesidad práctica de hacer algo si se desea un fin determinado, incluyen en su formulación típica verbos anankásticos del tipo «tienes que». En consecuencia la diferencia entre ellas no puede encontrarse aquí. Hay, sin embargo, una característica en las normas técnicas de la que carecen las proposiciones anankásticas: la mayor concrección de las primeras frente a las segundas. De este modo, como señala González Lagier (1995: 274), aunque la formulación típica de ambas incluya verbos anankásticos, las normas técnicas permiten una

---

[27] Cfr. *id.*, 10.

[28] Cfr. *ibidem*. Un análisis detallado de las normas técnicas y su relación con las proposiciones anankásticas en la obra de Von Wright se encuentra en GONZÁLEZ LAGIER (1995: 264 ss.).

[29] Cfr. VON WRIGHT (1963b: 158 ss.).

mayor concreción del sujeto agente al tiempo que exigen de él que desee el fin que aparece en el antecedente.

Además de estos tres tipos de normas, que Von Wright denomina principales, hay otros tres tipos que guardan cierta similitud con ellas y que califica como secundarios: las costumbres, las normas morales y las reglas ideales[30]. Aquí tan solo me ocuparé muy brevemente de las últimas, ya que parecen guardar también alguna relación con las proposiciones anankásticas y, por tanto, con las reglas técnicas.

Las reglas *ideales*, afirma Von Wright, no están conectadas inmediatamente con la acción sino con cosas que tienen que, pueden o deben ser[31]. Es decir, están conectadas con el concepto de bondad, con las propiedades que debe poseer un buen juez, administrador, etc. Los individuos que poseen tales propiedades en algo se los denomina habitualmente un buen lo que sea ideal. En un sentido amplio puede decirse que están estrechamente emparentadas con el concepto de virtud dado que quien posee estas propiedades es un virtuoso en lo que sea. Entre las reglas ideales y las reglas técnicas hay, pues, cierta similitud dado que quien se esfuerza en alcanzar el ideal parece perseguir un fin. Von Wright, sin embargo, advierte del error de confundir unas y otras. Ello se debe a que la relación que existe entre medios y fines a la que se refieren las reglas técnicas es causal. Por el contrario, las propiedades que reúne el virtuoso en algo no están relacionadas con el ideal de forma causal sino lógica. Por eso las reglas ideales determinan un concepto, el de buen juez, administrador, profesor, etc. Es decir, definen el concepto de algo ideal y, por ello, son también similares a las reglas determinativas de los juegos[32].

Una vez realizada la anterior reconstrucción de los diferentes tipos de normas a los que aluden Searle y Von Wright estamos en condiciones de comprobar si las normas constitutivas de nuestra práctica institucional guardan alguna relación con ellos a la vez que nos permitirá caracterizarlas con un poco más de detalle. Tal y como acabamos de ver, las normas constitutivas, como las denomina Searle o determinativas en la terminología que emplea Von Wright, vienen definidas por tres características negativas, a saber,

---

[30] Cfr. VON WRIGHT (1963a: 11-13).
[31] Cfr. *id.*, 14.
[32] Cfr. *id.*, 15.

i) No van acompañadas, por lo general, de sanciones.

ii) No son normas de mandato, o lo que es lo mismo, no son imperativas.

iii) No pueden ser violadas, son, por tanto, necesariamente eficaces.

Como consecuencia de estas tres notas características tales normas pueden ser asimiladas a enunciados analíticos ya que definen a la vez que regulan la práctica que constituyen. Además de lo anterior, y dada la similitud que según Von Wright existe entre las normas determinativas (constitutivas en Searle) y las normas técnicas, así como entre estas y las proposiciones anankásticas, puede ser añadida a las anteriores alguna otra característica, ahora en sentido positivo:

iv) Establecen una relación medio-fin, es decir, son instrumentales en relación con la actividad que constituyen y regulan.

v) Permiten una mayor personalización o concreción del sujeto agente. Van, por tanto, dirigidas a individuos o grupos de individuos concretos.

vi) Exigen del agente un interés o deseo genuino de realizar la actividad que constituyen.

vii) Definen, en algunos casos, el concepto de algo ideal.

Si a lo anterior se añade el tipo de interpretación que tales normas permiten y la consecuencia jurídica que prevén:

viii) Las acciones que constituyen y regulan tan solo pueden ser interpretadas en términos institucionales.

ix) Correlacionan casos genéricos con casos genéricos.

Pues bien, si ahora ponemos en relación las notas características de estas normas con los hechos institucionales, es decir, con la actividad que constituyen y regulan, podremos definirlos del siguiente modo:

a) no tienen sanción;
b) son voluntarios;
c) son necesarios;
d) son fines deseados por el agente;
e) no admiten interpretaciones naturales;
f) son genéricos, y
g) son graduales en relación con su adecuación al ideal.

Si se acepta la precedente caracterización de las normas constitutivas y, de acuerdo con ello, es correcta la definición de los hechos institucionales, puede afirmarse entonces que el vínculo que existe entre unas y otros es el que sitúa al agente que tiene el deseo genuino de alcanzar el fin ante la necesidad de adecuar su acción a lo dispuesto en ellas. Es decir, ante lo que Von Wright (1983: 74) denomina una necesidad práctica, que surge precisamente cuando el agente A tiene el deseo de alcanzar un fin X e Y es el medio necesario para conseguirlo. La necesidad práctica aparece entonces como la conclusión de un silogismo práctico que surge del deseo de A por X, e Y representa la relación medio-fin[33].

Esta necesidad práctica no debe confundirse con la relación necesaria que existe entre medios y fines[34]. La necesidad práctica se refiere a la conclusión del silogismo. Y como sabemos por Aristóteles, la conclusión de un silogismo práctico es una acción ya que esta es el medio necesario para alcanzar el fin deseado por el agente[35]. Nos encontramos así ante una situa-

---

[33] Cfr. González Lagier (1995: 277).

[34] Cfr. *id.*, nota 84.

[35] La conclusión de los silogismos teóricos, afirma Aristóteles (1978: 18 ss. y 1949: 37 y 94), es la especulación, la de los prácticos la acción. En contra de Aristóteles, Hierro (1970: 167 ss.) sostiene que el paralelismo aristotélico entre el silogismo teórico y práctico quiebra dado que una cosa es que las premisas constituyan condiciones necesarias para extraer la conclusión y otra que estas puedan considerarse suficientes para que esta se siga de aquellas, dado que en el caso de los silogismos prácticos pueden darse otros factores que impidan la realización de la acción. En opinión de Hierro la doctrina aristotélica del silogismo práctico permite diferentes interpretaciones entre las que sería plausible sostener que los razonamientos prácticos constituyen buenas razones para la acción, pero sin que ello permita aclarar cuál es realmente la conclusión. «[L]a única alternativa congruente —sostiene Hierro— es olvidarse de las acciones» que Aristóteles define como conclusiones de los silogismos prácticos por ser extremadamente confusa dado que tal doctrina «encierra consideraciones que pueden ubicarse, por lo menos, en tres ámbitos distintos: el de los razonamientos normativos, el de los razonamientos sobre medios y fines, y el de los razonamientos con resoluciones». En términos parecidos se expresa Bayón (1991: 55, nota 22) para quien la equiparación entre uno y otro tipo de razonamiento procede de la equivocación de identificar la afirmación de la conclusión en un silogismo teórico a la de la acción conforme a la conclusión en uno práctico. No es mi intención aquí discutir en profundidad los argumentos de estos autores, más aun teniendo en cuenta, como Hierro afirma, la generalidad con la que está formulado el paralelismo aristotélico entre silogismos teóricos y prácticos. Pero conviene aclarar que para Aristóteles el ámbito de las acciones prácticas viene definida por la *phrónesis* o «hacer prudencial». De este modo la acción no queda separada de la reflexión intelectual del agente que tiene el deseo de alcanzar el fin, que constituye por su parte una virtud *dianoética*: la elección de una acción va acompañada en la doctrina aristotélica de razón y reflexión (*proaíresis*), la cual permite al agente optar por una acción determinada entre todos los cursos de acción posibles. Ciertamente esto implica admitir que la verdad de las premisas, como afirman Hierro y Bayón, tan solo se alcanzaría tras su conclusión. Pero a mi modo de ver esto no debilita la definición aristotélica de silogismo práctico. En todo caso parece circunscribirla al ámbito reflexivo del agente que ante diferentes cur-

ción en la que el deseo de A por X es su razón para actuar e Y, además de ser el medio necesario, es también el único criterio del que disponemos para evaluar esa acción. De lo contrario diríamos que A no ha alcanzado el fin o, si se prefiere, que como su acción no se adecuó a lo exigido por Y, el fin alcanzado por A no cuenta como tal porque realizó una práctica diferente.

Pues bien, como quiera que lo que aquí interesa es un tipo de práctica institucional que tan solo puede ser expresada mediante el lenguaje, me propongo en lo que sigue emplear los tres ejes de la semiótica lingüística como criterio de análisis de la misma.

2.2. Justificación del esquema de análisis

La diferencia entre hechos brutos e institucionales, como hemos visto, es que los últimos tan solo admiten interpretaciones institucionales. Es decir, interpretaciones que necesariamente deben realizarse a partir de las normas constitutivas. Puede decirse entonces que unos y otras mantienen entre sí una relación de reciprocidad. Las normas son el criterio de interpretación de los hechos y estos el test de eficacia de aquellas ya que, en nuestro caso, debe existir al menos alguna decisión del parlamento que pueda ser evaluada desde el criterio de las normas constitutivas para afirmar que estamos ante una práctica institucional y no meramente ante el diseño de una práctica.

Ahora bien, entre las normas constitutivas y los hechos se encuentra el agente cuya acción debe acomodarse a lo que estas disponen si verdaderamente desea alcanzar el fin al que conducen. Es decir, para que la acción X de A cuente como Y en el contexto C. Las normas constitutivas cum-

sos de acción debe optar, en una situación determinada, por uno solo entre todos los posibles, como afirma Vega (2000: 507). Asumo, por tanto, con Hierro que la acción pueda o no tener lugar por múltiples causas que no dependen ya de la forma silogística, pero desde mi punto de vista esto no niega la tesis aristotélica que concibe la acción, en términos muy similares a los que lo hace Kant (1788: 78), como el fin de una actividad prudencial. A mi juicio, las certeras observaciones de Hierro y Bayón, parecen contribuir más bien a reafirmar la postura de Aristóteles que a contradecirla. Por otra parte, el propio Aristóteles (1988: 12 y 24) reconoce que un mismo fin pueda ser alcanzado por diferentes medios o acciones porque la causalidad instrumental no es más que supuesta y, en consecuencia, entre la deliberación del agente y la acción finalmente realizada pueden interponerse eventos no previstos. En este mismo sentido Aubenque (1963: 108 ss.), y Michelakis (1961: 39 ss.).

plen de este modo una función instructiva de la conducta de A dado que predicen cómo debe comportarse en el futuro. En este sentido las normas constitutivas dirigen también la conducta del agente y, en consecuencia, podrían ser caracterizadas como un tipo especial de acto habla más complejo que los directivos y los instructivos porque combina condiciones de ambos. González Lagier (1995: 280) denomina a este tipo de actos de habla directivo-instructivos y los caracteriza a partir de cuatro condiciones que denomina i) preparatoria, ii) de sinceridad, iii) de contenido proposicional, y iv) esencial. Aquí interesan las dos últimas. La condición de contenido proposicional se refiere a la predicción que el hablante hace con respecto a los actos futuros del oyente, o lo que es lo mismo, de la necesidad práctica ante la que este último se encuentra si quiere alcanzar el fin previsto por el hablante. La condición esencial, por su parte, cuenta como un intento del hablante de dirigir la conducta del oyente a hacer algo porque tiene el deseo genuino de alcanzar el fin previsto por el hablante.

De acuerdo con lo anterior, la función que desempeñan las normas constitutivas de nuestra práctica institucional creo que queda mejor caracterizada como directivo-instructiva ya que estas dirigen la acción de la representación mayoritaria a la vez que instruyen el procedimiento a seguir para dar continuidad a la práctica constitucional. Si esto es así, parece que este tipo de práctica guarda una relación estrecha con el lenguaje y, en consecuencia, es posible valerse de la estructura de este como «hilo conductor» o esquema heurístico a la hora de analizar el vínculo que existe entre normas constitutivas, actividad de quien ostenta la representación mayoritaria y hecho institucional. En concreto haré uso, como antes anuncié, de la conocida tripartición de la estructura del lenguaje en tres ejes (sintáctico, semántico y pragmático) que es patrimonio común de la lingüística y la semiótica[36]. Este esquema tridimensional resulta aplicable, desde una perspectiva filosófica, a diversos campos del conocimiento humano dado que el lenguaje es componente esencial de la racionalidad. No es, por tanto, un esquema propio de la racionalidad jurídica, sino genérico o compartido por muchos otros campos de conocimiento. Sin embargo, dada su particularidad utilidad y claridad expositiva es una perspectiva que ha sido ampliamente utilizada desde enfoques analíticos[37]. Ferrajoli, por ejemplo, utiliza

[36] *Vid.* Morris (1946: cap. 8).

[37] Cabe destacar entre nosotros a Moreso (2000a: 106), y Mendonça (1992: 41 ss.) Algo diferente a los anteriores pero con perfecto encaje en esta perspectiva se encuen-

este mismo esquema para analizar a través del procedimiento axiomático la teoría del Derecho y la rigidez de las constituciones democráticas[38].

La semiótica, como se sabe, es una disciplina centrada específicamente en el proceso lingüístico que estudia los signos (σ) que forman el lenguaje, los sujetos (S) que usan e interpretan esos signos y los objetos (O) a los cuales los mismos se refieren. En cierto sentido la semiótica es pues un metalenguaje, es decir, un lenguaje que se refiere a otro lenguaje. En este caso es la estructura misma del lenguaje lo que constituye el lenguaje objeto. De forma similar me propongo emplear aquí el esquema semiótico dado que ello me permitirá adoptar una especie de perspectiva «metalingüística» sobre nuestra práctica institucional.

A. El *eje sintáctico* se refiere a las relaciones que mantienen los signos entre sí (σ-σ), haciendo abstracción relativa tanto de los sujetos como del significado. Esta será la perspectiva desde la que se considerarán las relaciones norma-norma como relaciones nodales de todo ordenamiento jurídico. Esto me permitirá adoptar una perspectiva que podríamos denominar formal o estructural como la denomina Bobbio (1955: 8 y 35). Es decir, en este eje interesará una aproximación a las normas no desde el punto de vista de su contenido sino haciendo énfasis en la relación interna que se establece entre ellas en el sistema jurídico. En otros términos, en este eje se trata de indagar no tanto en las relaciones de contenido entre las normas cuanto las relaciones estructurales entre las propias normas. Desde este punto de vista el sistema jurídico puede ser descrito como un «sistema correlacional» en el que sus elementos, las normas, se definen por las posiciones y relaciones recíprocas que mantienen con otras normas. El eje sintáctico servirá, por tanto, para analizar la cadena de validez a la que dan inicio las normas independientes del sistema y de qué modo, como afirma Eco (1984: 318), «los antecedentes de la cadena remiten a sus consecuentes».

La noción de validez bajo esta perspectiva sintáctica tendrá que ver con lo que genéricamente podemos denominar relaciones lógicas o deductivas. El criterio de validez en este eje será entonces equiparable al de pertenencia, lo cual permitirá reconstruir la estructura formal del sistema jurídico y comprobar hasta qué grado es comparable con el de otros sistemas forma-

---

tra también la diferencia que Atienza (2006: 80 ss.) establece entre las tres concepciones —formal, material y pragmática— de la argumentación jurídica.

[38] Cfr. Ferrajoli (2007, vol. I, I-III) y (2008).

les como los lógicos o matemáticos. En el eje sintáctico nos encontraremos pues ante uno de los principales significados que tradicionalmente se ha atribuido al concepto de validez, este nos sitúa ante una visión del sistema jurídico como un conjunto de normas no solo formalmente determinado sino también determinable. Ahora bien, el criterio de validez desde este eje no solo está relacionado con la determinabilidad de las leyes, y a través de ello con problemas como el de nulidad o el valor de verdad de las normas, sino también con el que quizá quepa considerar como el principio básico de la metodología jurídica: el de justificabilidad de las normas. El uso habitual que los juristas hacen del principio de legalidad está relacionado en efecto con el criterio de validez sintáctico ya que se consideran válidas aquellas normas que vienen autorizadas por otra norma previa. Entendido de esta forma, el concepto de validez remite, por tanto, al fundamento de validez, bien sea considerado desde el punto de vista técnico de los aplicadores de normas (jueces y legisladores), bien desde el dogmático o científico o incluso desde la propia estructura interna del sistema jurídico que, como veremos, no permite ser separada de ciertos otros fundamentos externos, morales o políticos.

B. La *semántica* es la rama de la semiótica que se ocupa de las relaciones de los signos con los objetos que designan (σ-O). Por símbolo o signo se entiende, en general, todo aquel instrumento que se relaciona con el objeto significado a través de una regla convencional (o también a través de nexos de tipo causal: señales, etc.). Si esto es así y puede decirse que hay algún vínculo interno entre símbolo y norma, parece que una práctica institucional como la que nos ocupa adquiere también cierta dimensión simbólica. Bertalanffy (1968: 206), por ejemplo, incluye las leyes jurídicas entre aquellas entidades culturales dotadas de dimensión simbólica y, desde el punto de vista de la semiótica jurídica, Kevelson (1986: 99) define el conjunto de normas jurídicas como códigos sociales, signos o iconos de una sociedad determinada.

El concepto de validez desde este eje semántico será analizado teniendo en cuenta la diferente estructura lingüística que presentan las normas constitutivas y, en consecuencia, de qué forma sus diferentes condiciones de aplicación instruyen la práctica institucional. El eje semántico permitirá analizar, por tanto, el tipo de lenguaje que emplean los enunciados de validez de las normas. Una cuestión central en este eje será pues la referida a la propia realidad normativa. Es decir, el problema ontológico, en el que trataré de analizar mínimamente las que pueden ser consideradas como las dos posiciones fundamentales y que *grosso modo* denominaré idealistas y realistas, respectivamente. En el primer caso, la existencia de las normas reenvía a entidades ideales y es precisamente esta forma de existencia la que es considerada como un modo de validez. La teoría kelseniana puede considerarse paradigmática de esta posición ya que, como es sabido, identifica expresamente existencia con validez. Cómo puede entenderse ese deber-ser ideal así como la relación que a través de él se plantea entre validez y valor o la relación entre norma-significado y proposición normativa serán brevemente analizados en este eje semántico. En el segundo caso, las normas son entendidas como entidades reales. Las posiciones llamadas realistas, que en conjunto pueden quedar agrupadas bajo la etiqueta, desde luego muy imprecisa, del *Law as fact* y que entienden las normas como hechos sociales o empíricos son representantes genuinas de esta posición. Aquí aparecerá, por tanto, el problema de si la validez de las normas, entendidas como hechos, puede ser asimilada con un uso descriptivo del lenguaje y de qué modo se relacionan esos hechos en los que consisten las normas con la conducta del agente.

C. La *pragmática* es, por último, la rama de la semiótica que se ocupa de las relaciones entre los signos y los sujetos que los utilizan (σ-S). En el eje pragmático se analizará, por tanto, la relación que existe entre las normas y la acción que finalmente realiza el agente. También en este eje cobra pues una importancia notable el concepto de validez. Como es sabido, Kelsen, por ejemplo, equipara hasta cierto punto la validez de las normas a su eficacia u obediencia. El eje pragmático servirá, por tanto, para ver cuál es la relación que existe entre las normas constitutivas de esta práctica institucional y la acción o decisión que finalmente lleva a cabo la representación mayoritaria. Sabemos ya que legislar es una práctica institucional que queda sujeta a lo dispuesto en las normas constitutivas y que éstas, tal y como las he caracterizado, son directivo-instructivas de la acción del agente, en nuestro caso la autoridad institucional. En consecuencia también esta actividad se ve afectada por la noción de validez en este último sentido de eficacia ya que las decisiones que se adopten tan solo podrán ser interpretadas y justificadas en relación con las normas constitutivas. Es cierto que tradicionalmente este sentido de validez ha quedado vinculado a la adjudicación. Pero si la aplicación en sede judicial de normas previas que cabe considerar válidas en función de su origen o *pedigree*, es decir, de la cadena de validez ¿qué decir de la actividad parlamentaria cuya regulación se encuentra en las normas independientes? Ciertamente en el eje pragmático se reproduce la problemática de la metodología de creación, interpretación y aplicación de normas previas que conecta así con el eje semántico al que acabo de referirme.

El eje pragmático, por lo demás, será fundamental para comprobar hasta qué punto las decisiones de la autoridad institucional permiten ser interpretadas desde los parámetros de las normas constitutivas o, en caso contrario, para comprobar qué razones subyacen a una práctica de reconocimiento cuya justificación no viene avalada por lo dispuesto en ellas.

Como puede comprobarse, los problemas que suscita un análisis semiótico de la estructura del ordenamiento jurídico son muy diversos. Y aunque esta dimensión parece clara bajo el punto de vista de la configuración lingüística, no resulta sencillo establecer una separación tajante entre los tres ejes ya que todos ellos se reenvían mutuamente. Ahora bien, un análisis de este tipo permite comprobar en detalle: i) las relaciones formales entre normas independientes y dependientes; ii) hasta qué punto el contenido material que atrinchera el criterio de excelencia de pacto político es definitorio de la práctica institucional, y iii) cuál es la relación entre normas constitutivas y hechos institucionales.

A continuación trataré de desarrollar cada uno de estos ejes desde una perspectiva constructivista que concluirá con una breve exposición sobre el compromiso ontológico que a mi juicio cabe asumir con respecto a las normas que integran el ordenamiento jurídico democrático constitucional y también de la de este en su conjunto.

3. NIVEL SINTÁCTICO. EL CRITERIO JERÁRQUICO Y PROCESAL DE VALIDEZ

Sabemos que la rama sintáctica de las semiótica se ocupa de las relaciones entre signos. Me serviré pues de ella para analizar la relación formal que existe entre las normas que componen el ordenamiento jurídico. Asumiré, por tanto, que en las normas independientes se inicia una cadena normativa mediante la cual cada acto de promulgación y derogación de normas viene autorizado por otra norma previa. Como lo que interesa en este eje es el criterio de relación formal entre normas prescindiré hasta donde sea posible de cualquier referencia al contenido material.

Al menos desde Kelsen es un lugar común del positivismo jurídico asumir que los ordenamientos jurídicos regulan su propia regeneración.

Si esto es así, es sin duda en esta cadena normativa que se inicia en las normas independientes donde cabe encontrar el criterio formal o sintáctico de validez de cualquier norma del sistema. Puede decirse entonces que las normas independientes constituyen el criterio de unidad del ordenamiento jurídico en su conjunto, como afirma Kelsen (1960: 202). Obviamente esto no quiere decir que identifique normas independientes con la norma básica kelseniana. Entre otras razones porque, como es sabido, la norma fundante básica no es positiva, sino presupuesta: un presupuesto lógico trascendental [39]. Únicamente me interesa señalar que, de acuerdo con la perspectiva dinámica de orden jurídico kelseniana, toda norma del sistema encuentra su fundamento de validez último en las normas independientes. Excepción hecha, claro está, de las propias normas independientes que no pueden ser su propio fundamento de validez. Pero sobre esto algo se ha dicho ya en el capítulo precedente y volveré sobre ello en el siguiente [40].

Esta forma de entender la autorregeneración normativa en el seno de los órdenes jurídicos remite a una suerte de visión biologicista que termina por hacer referencia al funcionamiento autopoiético del sistema. Esto, sin embargo, desde los propios presupuestos de las fuentes sociales del positivismo jurídico no puede entenderse más que como una mera metáfora. El criterio genético que cabe examinar desde el eje sintáctico guarda sin duda más relación con la génesis histórica que con procesos deterministas como los que estudia la genética. Es decir, con hechos empíricos, perfectamente localizables, por tanto, en un tiempo y espacio determinados.

De todas formas, aun empleado en este sentido metafórico, el criterio genético puede ser útil para profundizar en el análisis del origen formal o *pedigree* de las normas dependientes del sistema jurídico. En la teoría del Derecho de Hart, por ejemplo, esta es la función que desempeñan las reglas secundarias. Como es sabido, Hart (1961: 91 ss.) distingue entre reglas primarias de obligación y reglas secundarias. Las primeras serían las que existen en sociedades de escasa complejidad. En sociedades complejas como las que conocemos es necesaria la presencia de reglas secundarias debido a tres carencias principales de las reglas primarias: la falta de certeza, el carácter estático y la difusa presión social que implicaría desacuerdos

---

[39] Cfr. KELSEN (1944: 135 y 1960: 18 y 207).
[40] *Vid. supra* II, 2 e *infra* IV, 2.

constantes en relación con el cumplimiento o violación de lo dispuesto en las normas primarias de obligación [41].

Para zanjar los desacuerdos en relación con el cumplimiento o violación de las reglas primarias es preciso contar con otro tipo de reglas que concedan facultades a ciertos órganos para que sean estos los que determinen si ha habido violación o no de la regla primaria. Esta función es la que desempeñan las reglas de adjudicación. El carácter estático de las reglas primarias de obligación representa también un problema para sociedades complejas y, en consecuencia, envueltas en constantes cambios. Para poder adaptar las reglas primarias a esas circunstancias es necesario contar también con otro tipo de reglas secundarias: las reglas de cambio, que son precisamente las que permiten derogar y aprobar nuevas normas más acordes con los cambios sociales. La falta de certeza con respecto a cuáles son las normas primarias aplicables así como el alcance de estas, que vendría propiciada por la ausencia de procedimiento que remita a algún texto u órgano investido de autoridad para fijarlas, queda solucionada mediante la regla de reconocimiento.

Estos tres tipos de reglas secundarias no son totalmente independientes sino que están relacionadas entre sí. Allí donde existan reglas de cambio hay también una regla de reconocimiento que hace referencia a la legislación. Lo mismo ocurre con las reglas de adjudicación y la regla de reconocimiento, ya que si hay un órgano con capacidad para determinar si ha habido o no violación de una regla primaria, dispone también de capacidad para identificarla. Hart (1961: 121), sin embargo, en este último caso califica la regla de reconocimiento de «imperfecta».

Las reglas secundarias, como acabamos de comprobar, no imponen deberes como ocurre con las primarias sino que confieren ciertas potestades a aquellos órganos investidos de autoridad para promulgar, modificar o derogar las normas primarias existentes así como para decidir si ha habido o no violación de una regla primaria y adjudicar la consecuencia prevista por ella. Las reglas secundarias y, en especial, las de cambio son, por tanto, las que aquí interesan ya que son estas las que suministran información acerca del origen o *pedegree* de las normas primarias que promulgue la representación mayoritaria. Me ocuparé de ello en el siguiente apartado y

---

[41] Cfr. Hart (1961: 101 ss.).

dejaré para más adelante el análisis de la relación entre reglas de cambio y regla de reconocimiento. Pero antes conviene recordar que según Hart la calificación de reglas secundarias no se debe, o no únicamente, a que confieran potestades sino a que se refieren a las reglas primarias. Esta aclaración es importante porque dada la ambigüedad con la que Hart caracteriza las reglas secundarias puede darse el caso de que haya reglas de este tipo que también imponen deberes [42].

3.1. El criterio genético de identificación de las leyes

Sabemos ya que tan solo en sociedades simples en las que únicamente existen reglas primarias de obligación puede equipararse la validez de las normas con su existencia. Pero en este caso, como el propio Hart (1961: 117) advierte, nos encontraríamos en una situación prejurídica por lo que hablar de normas válidas carece de sentido. Ciertamente en casos como este no hay diferencia entre normas jurídicas y normas sociales o costumbres y, en consecuencia, no dispondríamos de ningún criterio institucional que nos indique en qué consiste la validez de las normas [43]. En el caso de los sistemas simples o prejurídicos existencia y validez son, por tanto, conceptos idénticos: enunciados externos, por decirlo con Hart, que se refieren a la constatación empírica de un hecho social.

En ordenamientos jurídicos complejos como los que conocemos, ambos términos se definen por el contrario en términos institucionales. Es decir, hablar de existencia o validez en ordenamientos jurídicos complejos implica manejar enunciados internos al sistema de normas. Hart, por ejemplo, afirma que reconocer la existencia de una norma es lo mismo que decir que satisface los criterios de la regla de reconocimiento del sistema y, en consecuencia, es un enunciado idéntico al que afirma su validez [44]. Algo similar ocurre con Kelsen (1960: 23) que equipara ambos términos expresamente al sostener que el término validez designa «la existencia específica» de una norma. Vistas así las cosas parece que los términos pertenencia, existencia, y validez son interdefinibles por lo que el problema de la validez de las normas termina por diluirse en alguno de los anteriores. Ahora bien, como

---

[42] Cfr. Vilajosana (2010a: 98).
[43] Cfr. Atienza y Ruiz Manero (2003: 729).
[44] Cfr. Hart (1961: 117).

advierten Alchourrón y Bulygin (2000: 136-7) el término existencia dista mucho de ser unívoco y, en consecuencia, el concepto de validez manejado por cada uno de estos autores es también diferente.

Lo primero en lo que cabe reparar es que tanto en los ordenamientos simples o prejurídicos cuanto en los jurídicos los términos existencia y validez parecen ser en principio equivalentes. De ser así, las razones que avalan la equivalencia entre ambos deben ser necesariamente diferentes. En el primer caso, el único criterio disponible para afirmar tanto uno como otro es un hecho empírico y, en consecuencia, referirse a la existencia o validez de las normas es lo mismo que describir la constatación de un hecho social. La verdad o falsedad de ese enunciado externo dependerá en consecuencia de la ocurrencia efectiva de ese hecho. En estos casos predicar la validez de una norma existente, como afirma Hart, tan solo añade confusión dado que no hay ningún criterio en el que sustentar el predicado de validez.

En el caso de los ordenamientos jurídicos complejos el enunciado de validez es interno al sistema de normas y, por tanto, definible e interpretable únicamente en términos institucionales. Sabemos ya que la forma canónica de los hechos institucionales es X cuenta como Y en el contexto C; donde X, un hecho empírico, adquiere una dimensión institucional que tan solo puede ser interpretada de acuerdo con las normas constitutivas del sistema. Pero si esto es así y aceptamos con Hart y Kelsen la interdefinibilidad entre existencia y validez, deberíamos concluir que todo X es Y, o lo que es lo mismo, que todo X cuenta como un hecho institucional, lo cual resulta bastante extraño. La alternativa consiste en negar la existencia de X; es decir, la ocurrencia de un hecho empírico. Pero esto tampoco parece correcto y, desde luego, no se ajusta a la terminología habitualmente empleada por los juristas que en no pocas ocasiones cuestionan precisamente la validez de las normas existentes. Por otra parte, si existencia, pertenencia y validez se entienden como términos sinónimos o equivalentes ¿qué decir de las normas independientes? Ciertamente, estas últimas en tanto que dan origen a los sucesivos sistemas de normas son sin duda normas existentes y pertenecientes a todos ellos. Pero como sabemos no son ni válidas ni inválidas, sino que precisamente por ser independientes carecen de criterio alguno de validez.

Parece, pues, que entre existencia, pertenencia y validez hay alguna diferencia que conviene no preterir. Dejaré para más adelante el problema ontológico sobre las normas y me detendré, a continuación, en el criterio genético o formal de promulgación de normas o leyes por parte de la representación mayoritaria.

3.2. El criterio genético como sinónimo de pertenencia

Si como parece, entre los conceptos de pertenencia y validez hay algún tipo de diferencia, entonces la validez es una característica que no siempre poseen las normas pertenecientes al ordenamiento jurídico. Este es el caso, como sabemos, de las normas independientes. Estas, como hemos visto (*vid.*, *supra,* ap. 1.2), no satisfacen la relación de legalidad y requieren, por tanto, de un criterio de identificación o pertenencia diferente del utilizado para las normas dependientes.

De todas formas, lo que aquí interesa principalmente son las leyes promulgadas por los parlamentos; es decir, las normas adoptadas por la representación del nosotros para dar continuidad a la práctica constitucional. Importa, por tanto, saber cuáles son los requisitos mínimos que imponen las normas constitutivas de esta práctica para poder reconocer como pertenecientes al ordenamiento jurídico las normas resultantes de esas decisiones. Por el momento esto sigue sin exigir ningún compromiso con la ontología de las normas ya que tanto las normas constitutivas como las leyes promulgadas por los parlamentos son perfectamente localizables en el tiempo y en el espacio así como expresadas en lenguaje natural.

Los requisitos mínimos que deben reunir las normas dependientes para que puedan ser reconocidas como normas del sistema son, en principio, los que exigen las normas de competencia y procedimiento. Es decir, uno de los tres tipos de reglas secundarias a las que se refiere Hart: las reglas de cambio, que son precisamente las que sirven para eliminar los problemas de estaticidad de los sistemas en los que tan solo existen reglas primarias de obligación. La complejidad de las reglas de cambio, según Hart (1961: 96), varía de un sistema a otro, dado que pueden conferir poderes irrestrictos o limitarlos de varias maneras. En cualquier caso, Hart afirma que la función de este tipo de reglas es especificar los órganos con competencia para legislar y definir en términos más o menos rígidos el procedimiento legislativo. De este modo queda asegurada la dinámica del sistema de normas y, con ella, la adaptación del sistema jurídico a los cambios sociales.

Ahora bien, Hart afirma que las reglas secundarias, en tanto que se refieren a las reglas primarias de obligación, se encuentran en un nivel diferente ya que las primeras sirven para introducir, modificar, eliminar o determinar de forma concluyente la violación de las segundas[45]. Sin embargo, tal y como acabamos de ver, las reglas de cambio también parecen imponer algún tipo de deber a los órganos a los que confieren competencia para legislar. Esto es, al menos, lo que cabe deducir con respecto a la obligación a la que queda sujeto el órgano legislativo en relación con el procedimiento que debe seguir para introducir nuevas normas o eliminar algunas de las existentes en el sistema. De ahí que, como antes dije, las reglas de cambio puedan ser equiparadas a las reglas constitutivas de nuestra práctica institucional.

Del problema de la dinámica de los sistemas jurídicos también se han ocupado Alchourrón y Bulygin. De acuerdo con estos autores, todo sistema jurídico, para ser dinámico, es decir, para que tenga lugar la serie temporal de sistemas que integran el orden jurídico, debe contener alguna norma que faculte a una autoridad para promulgar nuevas normas y, en su caso, para derogar las existentes[46]. La noción de competencia que manejan Alchourrón y Bulygin es la siguiente:

> «Si una norma N_j es válida en un sistema S_t, que pertenece a O_i y N_j faculta a la autoridad *x* a promulgar la norma N_k y *x* promulga en el momento t la norma N_k, entonces N_k, es válida en el sistema S_{t+1} (es decir, en el sistema correspondiente al momento siguiente a t) y S_{t+1} pertenece a O_i»[47].

Como puede comprobarse, Alchourrón y Bulygin requieren también la concurrencia de normas secundarias de cambio en los sistemas dinámicos. Estas normas, según la definición anterior, parecen ser facultativas. Es decir, no obligan a la autoridad a promulgar ninguna norma pero la sitúan en una situación idéntica a la necesidad práctica a la que antes me referí (*vid.*, *supra*, ap. 2.1). Si la autoridad legislativa quiere adaptar el sistema de normas a los cambios sociales debe hacerlo necesariamente de acuerdo con las normas constitutivas. Sin embargo, de acuerdo con la noción de competencia de estos autores, parece que cualquier ley promulgada por el parlamento que, en tanto que representación del nosotros, es en quien recae la competencia para hacerlo, debe ser reconocida como perteneciente al

---

[45] Cfr. HART (1961: 94).
[46] Cfr. ALCHOURRÓN y BULYGIN (1971: 120) y (1991: 263).
[47] Cfr. ALCHOURRÓN y BULYGIN (1971: 121) y (1991: 264).

sistema. Alchourrón y Bulygin equiparan además pertenencia y validez dado que lo que afirma la segunda cláusula es la validez de N_k en S_{t+1} y la pertenencia de este a O_i.

Dejando por ahora a un lado las consideraciones que pudieran hacerse en relación con el contenido de las nuevas normas promulgadas, lo cierto es que esta noción de competencia resulta bastante contraitutitiva ya que o bien no concede importancia al resto de requisitos necesarios para reconocer como pertenecientes al sistema las nuevas normas promulgadas, o bien los da por presupuestos. Como lo primero no parece probable, creo que esta noción de competencia queda expresada más claramente si se tienen en cuenta dos condiciones introducidas por Ferrer en la segunda cláusula, después de las cuáles la noción reformulada de competencia reza como sigue:

> «Si una norma N_j es válida en un sistema S_t, que pertenece a O_i y N_j atribuye competencia a la autoridad *x* para promulgar la norma N_k siguiendo el procedimiento establecido en S_t y respetando *lex superior*, entonces N_k es *ceteris paribus* válida en el sistema S_{t+1}, y S_{t+1} pertenece a O_i»[48]

Las condiciones procedimental y jerárquica introducidas por Ferrer permiten entender de forma más clara esta noción de competencia al tiempo que la aproximan al lenguaje que habitualmente emplean los juristas. Sin embargo, como consecuencia de las dos condiciones introducidas en la segunda cláusula, cabe realizar un par de aclaraciones.

La primera se refiere a que la validez de N_k, o si se prefiere la pertenencia de S_{t+1} a O_i, no depende únicamente de la competencia otorgada por las normas constitutivas a la autoridad *x*, sino que esta, si verdaderamente desea alcanzar el fin al que conducen las normas constitutivas, debe seguir también el procedimiento establecido en ellas. Este es el sentido en el que cabe entender las reglas constitutivas que señalan el procedimiento para promulgar nuevas normas como actos de habla instructivo-directivos dirigidos a la representación del nosotros a los que antes me referí. En otras palabras, la representación del nosotros no queda obligada a seguir el procedimiento establecido en las reglas constitutivas, pero si verdaderamente desea continuar la práctica constitucional se encuentra ante la necesidad de

[48] Cfr. Ferrer (2000: 143-4).

adecuarse al procedimiento establecido en las reglas constitutivas para que sus decisiones puedan ser reconocidas como parte del sistema. De no ser así diríamos, de acuerdo con lo visto en el capítulo precedente, que estamos ante una práctica diferente. Pero de ello se sigue que no es posible equiparar la existencia empírica de las leyes promulgadas por la representación del nosotros y la pertenencia de estas al sistema. Y ello por la sencilla razón de que si nos encontramos ante una ley promulgada irregularmente, lo cual no es ciertamente infrecuente, lo primero que hay que reconocer para iniciar el procedimiento de expulsión es su presencia en el orden jurídico y, a partir de aquí, apelar a las condiciones procedimentales que justifican su derogación o invalidación. Lo segundo, obviamente, reparar en lo posible los efectos que la ley irregular haya podido tener.

La segunda se refiere al preceptivo respeto por la *lex superior* a la que alude Ferrer. Esta condición jerárquica puede entenderse al menos de dos formas diferentes. Por una parte, probablemente la más usual, parece referirse a la dinámica de ordenamientos jurídicos consolidados en los que no es extraño que las sucesivas normas promulgadas por los parlamentos impongan a determinadas materias una congelación de rango que exige procedimientos agravados para su modificación o reforma posterior. Es decir, las dota de mayor rigidez[49]. Pero, por otra parte, también es posible entender que la *lex superior* se refiere a las propias normas constitutivas de la práctica institucional. Es decir, que no va referida a la dinámica de ordenamientos jurídicos consolidados como en el caso anterior, sino a la inicial del sistema. En este segundo caso, es en el que cobra relevancia la prioridad lógica de las normas que enuncian los derechos y libertades sobre las de competencia y procedimiento, a la que hice referencia al comienzo del capítulo anterior, y en consecuencia el carácter instrumental de las segundas con respecto a las primeras[50].

---

[49] Este es el caso, como es sabido, de lo dispuesto en el artículo 81 de la Constitución española. Pero esta es una reserva material de ley. Es decir, reservada únicamente para aquellas materias que señala la constitución: los derechos fundamentales y libertades públicas, los Estatutos de Autonomía y el régimen electoral general. Sin embargo, no es extraño que en las leyes orgánicas se incluyan otras materias que nada tienen que ver con las anteriores. En relación con la polémica suscitada sobre si estas materias no reservadas deben o no gozar de la rigidez propia de las leyes orgánicas, *vid.*, De Otto (1987: 113 ss.).

[50] *Vid. supra,* I, 1.1 y 1.2.

Como sabemos, entre las normas independientes del sistema no existe jerarquía alguna. Con respecto a la dinámica inicial del sistema tan solo es posible hablar propiamente de relación jerárquica entre el conjunto de normas independientes y cada una de las leyes promulgadas por la representación del nosotros. En otras palabras, la relación jerárquica se da entre normas independientes y dependientes. Sin embargo, aun ateniéndonos al aspecto meramente formal de la dinámica jurídica y dejando, por tanto, a un lado el aspecto material o de contenido de las nuevas normas promulgadas, probablemente hubiera acuerdo en no reconocer como perteneciente al sistema una ley que, pongamos por caso, decidiera anular el derecho de igualdad o la libertad para expresar las opiniones individuales. Diríamos sencillamente que una ley de este tipo inicia una práctica diferente a la institucional, o una práctica institucional diferente si es existosa[51], ya que daña el criterio de excelencia del pacto constitucional. Entendida en este segundo sentido, la condición jerárquica confirma, por tanto, desde un punto de vista meramente formal la prioridad lógica de las normas que enuncian los derechos y libertades sobre las de competencia y procedimiento y, en consecuencia, el carácter instrumental de estas con respecto a aquellas.

Este es también el sentido que usualmente le otorgan los juristas. Tomemos como ejemplo la reserva de ley orgánica contemplada en el artículo 81.1 CE. Ciertamente no es una reserva procedimental que queda a disposición del legislador, sino una reserva competencial para una forma legal con rigidez agravada precisamente por referirse a materias que se encuentran en el núcleo mismo del criterio de excelencia del pacto constitucional[52].

Por otra parte, la noción de competencia elaborada por Alchourrón y Bulygin con las dos condiciones de procedimiento y jerarquía añadidas por Ferrer, cumple de este modo también la función de criterio de identificación de las normas pertenecientes al orden jurídico. Permite, en con-

---

[51] Agradezco a Josep Maria Vilajosana la advertencia del matiz.

[52] Así se desprende de la temprana sentencia de nuestro Tribunal Constitucional al afirmar que «si es cierto que existen materias reservadas a las leyes orgánicas, también lo es que las leyes orgánicas están reservadas para esas materias»; es decir, que utilizar la competencia para congelar el rango o, lo que es lo mismo, agravar el procedimiento para otras materias no reservadas a la ley orgánica devendría en la inconstitucionalidad o invalidez de la misma, cfr. STC 51/81, y De Otto (1987: 115).

secuencia, enunciar un criterio genético de pertenencia según el cual toda norma promulgada por la representación del nosotros, en ejercicio de la competencia que le otorgan las normas constitutivas y que respete el procedimiento establecido en las mismas así como la estructura jerárquica del sistema, reúne los requisitos necesarios para ser reconocida o identificada como perteneciente al orden jurídico.

Este criterio de pertenencia, sin embargo, no es equivalente desde mi punto de vista al de validez. Como acabamos de comprobar a través del ejemplo de la reserva de ley orgánica, una decisión de la representación del nosotros que respetase escrupulosamente todos los requisitos competenciales, procedimentales y jerárquicos, cumpliría con lo exigido para ser reconocida como perteneciente al sistema y, sin embargo, parece ser que no puede considerarse válida en aquellos casos en los que afecta a materias diferentes a las señaladas por las normas constitutivas.

3.3. El criterio genético como condición de regularidad

En los apartados precedentes hemos visto que la autorregeneración del sistema jurídico a la que se refiere Kelsen puede ser reconstruida adecuadamente y entendida de un modo más sencillo si se acude a la noción de sistema jurídico como unión de normas primarias y secundarias elaborada por Hart. A partir de esta noción, hemos visto también que las normas secundarias de cambio, en tanto que se dirigen a la autoridad institucional con competencia para promulgar nuevas normas, le imponen ciertas obligaciones que la sitúan, si verdaderamente desea alcanzar el fin al que conducen las normas constitutivas, ante la necesidad práctica de seguir el procedimiento y demás requisitos que estas contemplan. Dije, en consecuencia, que las reglas de cambio pueden ser equiparadas a las normas constitutivas de la práctica institucional, o al menos a una parte de ellas, cuando estas se entienden como actos de habla instructivo-directivos dirigidos a la autoridad legislativa.

A partir de la noción de competencia elaborada por Alchourrón y Bulygin, así como de las dos condiciones, procesal y jerárquica, introducidas por Ferrer en la segunda cláusula enuncié un criterio genético de pertenencia de las nuevas normas promulgadas al ordenamiento jurídico. Este criterio, como acabamos de ver, permite identificar las normas promulgadas por la representación del nosotros teniendo únicamente en cuenta los requisitos formales. Sin embargo, como dije también, este criterio formal no permite, en mi opinión, equiparar convincentemente pertenencia y validez como hacen Hart y Kelsen o como parece que ocurre también con Alchourrón y Bulygin y Ferrer. A partir del ejemplo concreto de lo que ocurre con la reserva de ley que contempla el artículo 81.1 CE, traté de mostrar que existe al menos un caso en que esto no se cumple.

Creo, sin embargo, que tal divergencia es más evidente en relación con los desacuerdos que se producen en torno a los derechos fundamentales y libertades públicas así como con otras materias cuyo desarrollo por parte de la representación del nosotros queda habitualmente sujeto a desacuerdos. La mayor parte de las veces, si no todas, tales desacuerdos no se refieren a los aspectos formales a los que queda sujeta la dinámica del sistema sino a diferencias que guardan más relación con el contenido o dimensión material de las normas. El análisis de los desacuerdos en torno a esta dimensión material puede comprenderse mejor, en mi opinión, a partir de un criterio complementario al formal que trataré de desarrollar haciendo uso del eje semántico. A partir de él, según espero mostrar a continuación, será posible disponer también de un criterio complementario al de pertenencia que permita comprender de un modo más satisfactorio la complejidad de la validez de las leyes en la democracia constitucional.

4. LOS DESACUERDOS EN EL NIVEL SEMÁNTICO. UN CRITERIO AXIOLÓGICO DE VALIDEZ

Sabemos ya que la semántica es la rama de la semiótica que se ocupa de estudiar las relaciones que mantienen los signos o símbolos con los objetos o entidades que representan. Se trata, por tanto, de analizar en este eje las relaciones simbólicas que entre sí mantienen las reglas constitutivas de la práctica institucional y las decisiones adoptadas por la representación del nosotros. Disponemos ya de un criterio formal que, como hemos visto, es condición necesaria para identificar la pertenencia de las normas dependientes al sistema jurídico. El criterio genético, sin embargo, no es suficiente para afirmar en todos los casos la validez de las leyes pertenecientes al ordenamiento jurídico. Se trata, ahora de encontrar algún otro criterio complementario del anterior que permita saber qué requisitos, además de los formales, debe cumplir la decisión del nosotros para ser válida en la democracia constitucional.

Ahora bien, dado que para analizar las relaciones que en el eje o nivel semántico mantienen estas normas entre sí es necesario hacer referencia al significado lingüístico de los enunciados normativos, nos veremos obligados a profundizar también en este aspecto. Es decir, será necesario adentrarse siquiera someramente en algunas teorías que hacen referencia al significado de las normas o, como dice Ricoeur (1975: 140), en la «semántica lexical» de las normas dependientes, en tanto que opuesta a la «morfología lexical», que se agota en los procesos de composición y derivación lingüística. Y como quiera que la significación normativa o semántica lexical se encuentra estrechamente relacionada con la ontología que quepa defender de las normas, esto me obligará también a enunciar un criterio ontológico en el que tengan cabida tanto las normas dependientes como las independientes.

Por lo demás, y para no introducir aquí cuestiones innecesarias que no harían más que entorpecer el hilo argumentativo que desarrollaré a continuación, tan solo resta advertir que lo interesante del análisis desde el punto de vista del eje semántico es que permita disponer de un criterio sustantivo de validez de las leyes en la democracia constitucional que complemente al criterio genético o formal al que me referí con anterioridad. Obviamente el alcance de este criterio dependerá no solo de la interpretación que se haga de las decisiones adoptadas por la representación del nosotros, sino también de la de las normas constitutivas de la práctica institucional. Es decir, dependerá tanto de la interpretación de las leyes como de la constitución.

4.1. Norma y significado

El significado de cualquier palabra u oración está vinculado, como se sabe, con la noción semántica de verdad. De este modo, el significado de las proposiciones descriptivas se corresponde con los hechos descritos o representados por medio del lenguaje con los del mundo real. Tal correspondencia constituiría pues la condición de verdad de la proposición descriptiva, o lo que es lo mismo, la verdad o falsedad del enunciado depende de su adecuación a los hechos[53]. En este caso se puede afirmar que hay una

[53] Esta es la noción de verdad de Frege (1892: 27). Para un análisis detallado de las condiciones de verdad fregeanas, *vid.* Valdés Villanueva (1998: 109).

dirección de ajuste palabra a mundo[54]. Si la dirección de ajuste es correcta puede decirse que la proposición adquiere cierto valor simbólico. Como dice Wittgenstein (1919: 23), la proposición es como una figura, un símbolo, que representa la existencia de un estado de cosas. Si Wittgenstein lleva razón, podría decirse que algo similar ocurre con las normas constitutivas de nuestra práctica institucional. Al menos con una parte de ellas, a saber, las que enuncian los derechos y libertades dado que estas representan un estado de cosas valioso: lo que en el capítulo anterior denominé el criterio de excelencia del pacto constitucional.

Ahora bien, para que esto sea así deben darse conjuntamente dos condiciones: i) la correspondencia real entre el símbolo y lo que representa, es decir, entre las normas que enuncian esos derechos y su existencia efectiva, y ii) que el estado de cosas que enuncian esas proposiciones sea realmente posible, o lo que es lo mismo, que las entidades que enuncian los derechos y libertades sean realmente posibles en la práctica y no solo lingüísticamente. Entre otras cosas, esto se debe a que como acertadamente mostró Russell hay enunciados que no designan ni nombran nada real a pesar de que estén bien formados[55].

Admitamos por el momento que en nuestro caso las dos condiciones anteriores se dan conjuntamente y, en consecuencia, que las normas que atrincheran los derechos y libertades son el significado de las expresiones que las enuncian. Ello permite seguir afirmando con Wittgenstein que las proposiciones que enuncian los derechos y libertades representan la realidad. Es decir, que el criterio de excelencia del pacto constitucional tienen continuidad en la práctica. El único requisito adicional que exige Wittgenstein (1919: 25) es que los elementos que componen la proposición se

---

[54] Como afirma Searle (1976: 45) el objeto de algunos «actos ilocucionarios es llevar las palabras (su contenido proposicional) a encajar con el mundo... a esta categoría pertenecen las aserciones». La dirección de ajuste palabra a mundo y mundo a palabra es fácilmente entendible mediante el ejemplo de Anscombe (1957: 109) de la diferente dirección de ajuste que tienen las palabras escritas en una lista de la compra y las del detective que sigue al comprador y va realizando anotaciones de los productos que este recoge de las estanterías.

[55] El problema al que Russell pretendía dar solución era al de las «*non entities*». Ejemplos de ellas son enunciados como «el cuadrado circular» o «el actual rey de Francia», *i.e.*, expresiones que no tienen referente y que carecen, por tanto, de significado de forma aislada pero tienen perfecto sentido cuando integran una proposición lingüística; cfr. Russell (1905: 416).

encuentren en lugar de lo que representan. Es decir, que tales proposiciones sean descriptivas en aquellos casos en los que los derechos y libertades se enuncien de forma general y prescriptivas cuando lo que representa la proposición es una obligación para el legislador. Ciertamente ambos tipos de enunciados son habituales en los ordenamientos jurídicos democráticos. Ejemplo del primero serían todos aquellos enunciados del tipo «todos tienen derecho a...»; de lo segundo los que emplean la siguiente fórmula «nadie podrá ser privado de...» o alguna equivalente.

Ahora bien, como sabemos también por Wittgenstein (1953: 61)[56], el significado está relacionado con el uso, con lo que el problema se traslada ahora a los innumerables usos que pueden hacerse de una misma proposición[57]. Moreso (1997: 31), por ejemplo, afirma que las condiciones veritativas de las oraciones dependen de las intenciones comunicativas con que la gente las usa. Lo cual aboca a un enfoque convencionalista según el cual los criterios de corrección de nuestra práctica institucional no podrían encontrarse en las reglas constitutivas sino en lo que la comunidad considera que son los criterios correctos de aplicación de las mismas. Es cierto que la tesis convencionalista así enunciada resulta muy gruesa y sería necesario realizar posteriores aclaraciones sobre cómo es posible entender los hechos convencionales y, sobre todo, qué grado de acuerdo es necesario para considerar correcto el conjunto de aplicaciones de esas reglas. Coleman y Leiter exigen un acuerdo explícito sobre el conjunto de aplicaciones de una regla social[58], que constituiría así la denominada tesis de la objetividad mínima. Moore y Bayón, por el contrario, se adhieren a lo que se ha dado en denominar convencionalismo profundo, según el cual para poder afirmar que

---

[56] Quizá convenga aclarar que no ignoro las diferencias que existen entre el «primer» y «segundo» Wittgenstein, ni pretendo obviar que para el segundo Wittgenstein el sentido de una proposición o el significado de una palabra es su función. Es decir, viene determinado por el uso con lo que el criterio referencial es reemplazado por el pragmático. Considero, sin embargo, que a efectos expositivos resulta útil mantener la distinción entre ambos criterios. Para un análisis detallado de las diferencias entre el primer y segundo Wittgenstein y la importancia de uno y otro para la teoría del Derecho remito a NARVÁEZ (2004: I y II).

[57] «Hay *innumerables* géneros: innumerables géneros diferentes de empleo de todo lo que llamamos «signos», «palabras», «oraciones»», cfr. WITTGENSTEIN (1953: 39). Una minuciosa exposición de las diferencias de «significado» y «uso» de un término en el primer y segundo Wittgenstein, así como de su influencia en la teoría del Derecho, se encuentra en NARVÁEZ (2004: 38 ss. y 65 ss.).

[58] Cfr. LEITER (1993), y COLEMAN y LEITER (1995).

existen criterios compartidos de aplicación de una regla no es necesario que exista un acuerdo absoluto o perfecto sobre ellos, sino simplemente que la mayoría de la comunidad comparta esos criterios[59].

Sea cual sea la tesis correcta acerca de los hechos convencionales, esto no hace más que ofrecer una ligera noción de la complejidad que existe para relacionar el significado y el uso de las expresiones lingüísticas. Volveré más adelante sobre la tesis convencionalista. Pero por ahora conviene examinar con un poco más de detalle el problema del estatus ontológico de las normas jurídicas ya que sobre el mismo parecen existir dos concepciones opuestas y recíprocamente excluyentes que es necesario tener en cuenta a la hora de atribuir determinadas propiedades a las normas jurídicas sean estas del tipo que sean.

4.2. La relevancia del problema ontológico

En la teoría del Derecho se ha hecho ya clásica la definición de norma jurídica que diferencia entre el componente descriptivo y el prescriptivo. Jørgensen (1937-38: 291) afirmaba que todo enunciado normativo contiene dos factores, el imperativo y el indicativo, el primero indica que algo es ordenado o deseado, el segundo describe qué es lo que se desea u ordena. Las expresiones utilizadas usualmente para formalizar normas ilustran claramente esta distinción. De este modo, los mandatos u órdenes de acción (Op) y las prohibiciones u órdenes de omisión (O ¬p) incluyen un operador deóntico que instruye o indica qué tipo de acción debe ser realizada u omitida.

La precedente definición parece dejar fuera, sin embargo, todas aquellas normas jurídicas que no imponen obligaciones sino que facultan o permiten realizar alguna acción (Pp). Este es el caso, como sabemos, de algunas de las normas constitutivas de nuestra práctica institucional, concretamente de las que dotan de competencia e indican el procedimiento a seguir para dar continuidad a la práctica constitucional. Éstas, como dije en el capítulo anterior, pueden ser equiparadas a los actos de habla instructivo-directivos y, en consecuencia, no imponen genuinas obligaciones sino que sitúan al agente, a la representación del nosotros, ante la necesidad

---

[59] Cfr. Moore (1987), y Bayón (2001).

práctica de seguirlas si verdaderamente desea alcanzar el fin al que conducen. Para algunos autores los permisos carecen de carácter normativo independiente ya que su formulación escondería en realidad un metalenguaje normativo mediante el cual se describiría la obligación genuina que impone la norma[60]. Entre nosotros, Hernández Marín (1989: 186 ss.) señala que los permisos no son sino normas de obligación o disposiciones cualificatorias o una conjunción de ambas. Otros autores, como es el caso de Alchourrón y Bulygin (1984: 237), consideran que la distinción entre permisos y normas de obligación es útil y constituye además una importante herramienta teórica para describir el funcionamiento de los órdenes jurídicos que conocemos.

En mi opinión Alchourrón y Bulygin llevan razón en este punto ya que, aunque tan solo las reglas regulativas puedan ser consideradas genuinos mandatos o imperativos de acción u omisión, las facultativas también contribuyen indirectamente a regular la conducta del agente. Esto es fácilmente comprensible si se repara en la distinción entre soluciones normativas y casos genéricos a la que siguiendo a Moreso y Vilajosana me referí con anterioridad[61]. Como se recordará, dije entonces que las reglas regulativas correlacionan un caso genérico con una solución normativa mientras que las reglas constitutivas correlacionan un caso genérico con otro caso genérico. Para no hacer tantas veces alusión a las normas constitutivas de nuestra práctica institucional, trataré de ejemplificarlo mediante otro supuesto. Piénsese, por ejemplo, en lo que ocurre con una norma que faculte a quienes tengan una determinada edad para formalizar contratos, pongamos por caso dieciocho años para los contratos laborales. Obviamente esta norma no impone ninguna obligación ni guía el comportamiento, tan solo adscribe una propiedad institucional a un hecho natural. Sin embargo, si se da el caso de que existe otra norma que imponga la obligación de contribuir con parte de la renta del trabajo a los ingresos públicos, la primera de las normas contribuye indirectamente a identificar las obligaciones de quienes se encuentren en esa situación.

De todas formas, tampoco existe inconveniente alguno para que las normas facultativas o permisivas, al igual que ocurre con las imperativas, puedan ser identificadas a través de los dos componentes. La única dife-

---

[60] Cfr. Kazimer y Wolenski (1973: 171 ss.).

[61] *Vid. supra*, ap. 2.1.

rencia entre unas y otras es que el operador en el caso de las permisivas no es deóntico sino facultativo (Pp). Sea cual sea el tipo de operador que se emplee lo importante, según Bulygin (1985: 251), es que el componente descriptivo se identifica con la proposición que describe un estado de cosas o una acción, mientras que el operador expresaría la obligación, prohibición o permisión que establece la norma. La distinción entre ambos componentes tiene un gran parecido de familia con la diferencia que en filosofía moral estableció Hare (1952: 18 ss.) entre el componente *frástico* y *neústico* de las proposiciones. Pero esto no ofrece ninguna solución a nuestro problema ya que, por una parte, no disponemos aun de ningún criterio que nos permita diferenciar entre significado y uso del enunciado normativo y, por la otra, tampoco tenemos claro cuál es la ontología de las normas jurídicas, sean del tipo que sean.

Alchourrón y Bulygin, a los que seguiré en este punto, distinguen dos posibles concepciones generales de la norma jurídica que denominan, respectivamente, *concepción hilética* y *concepción expresiva* de las normas [62].

4.2.1. *Concepciones* hilética *y* expresiva *de las normas*

Según estos autores, para la *concepción hilética*, que otros denominan semántica [63], las normas son independientes del lenguaje aunque solo puedan ser expresadas por medio de él. Las oraciones normativas serían así las expresiones lingüísticas de las normas y estas el significado o sentido de esas expresiones. Es decir, ocurriría lo mismo con las normas que con las proposiciones, que son el sentido o significado de las oraciones descriptivas [64]. Según la concepción hilética es posible, por tanto, que haya normas que no han sido formuladas aun en ningún lenguaje natural y que quizá nunca lleguen a formularse. De acuerdo con Alchourrón y Bulygin, una norma es para la concepción hilética «una entidad abstracta, puramente conceptual» [65].

Así pues, de acuerdo con la concepción hilética para saber cuál es el estado de cosas o la acción que requiere la norma sería necesaria la conjun-

---

[62] Cfr Alchourrón y Bulygin (1981).
[63] Cfr. Mendonça (1992: 41) y Moreso (2000: 106).
[64] Cfr. Navarro (1990: 31).
[65] Cfr. Alchourrón y Bulygin (1981: 122-3).

ción de dos condiciones: i) la promulgación al menos de un enunciado normativo y ii) la interpretación de ese enunciado. Como veremos, aceptar que las normas son entidades abstractas o «ideales de naturaleza semántica», como afirma Peña Freire (1999: 113), tiene importantes consecuencias en el seno de los órdenes jurídicos. Por de pronto, tal y como señala Moreso, el significado de los enunciados jurídicos viene determinado, para la tesis semántica, por sus condiciones de verificabilidad, lo que implica «demostrar que determinadas consecuencias se obtienen en determinado sistema jurídico»[66].

Para la *concepción expresiva*, también denominada pragmática[67], la norma jurídica resultaría, en cambio, de un determinado uso pragmático del lenguaje, concretamente del prescriptivo. Dado que los enunciados normativos pueden ser usados de diferentes formas no podrá encontrarse ninguna diferencia entre ellos en el nivel semántico, sino que estas deberán buscarse en el nivel pragmático. De este modo un enunciado como prohibido *p* (Php), podría entenderse como una prescripción o como la descripción de esa prescripción. La norma consistiría, de acuerdo con la concepción expresiva, en el acto lingüístico de prohibir *p*.

La diferencia entre significado y uso de la concepción expresiva es muy similar, como se habrá observado, a la distinción señalada por Austin entre significado y fuerza de los enunciados realizativos. De acuerdo con Austin, la precisión del lenguaje sirve para comprender o aclarar lo que se dice o, lo que es lo mismo, el significado de un acto lingüístico. El carácter explícito es, sin embargo, lo que indica la fuerza de las expresiones o, como hay que tomarlas[68]. La aclaración de Austin es importante ya que, como sabemos, las normas que enuncian los derechos y libertades carecen de la precisión lingüística que exige este autor al contener conceptos gruesos o controvertidos.

En la base de la diferencia entre una y otra concepción de las normas se encuentra la posibilidad de establecer una lógica de normas en sentido estricto o, una lógica de proposiciones normativas. Lo primero no solo es posible en opinión de Weinberger (1985: 172 ss.), sino también necesario. Alchourrón y Bulygin, parecen inclinarse, sin embargo, por la segunda

---

[66] Cfr. MORESO (1997: 80).
[67] Cfr. MORESO (2000: 105).
[68] Cfr. AUSTIN (1962: 117).

opción ya que con ello se evita el problema de manejar dos tipos de lógica diferentes, la de las normas y las de las proposiciones normativas:

> «Para CH [concepción hilética] hay dos lógicas: una lógica de normas y una lógica de proposiciones normativas, que es una lógica de promulgación y derogación. Para CE [concepción expresiva] hay solo una lógica posible: la lógica de proposiciones normativas (descriptivas), en el mismo sentido que la hay para CH» [69].

Las diferencias entre expresivistas e hiléticos parecen pues insalvables dado que unos y otros, como afirma Navarro (1990: 32), interpretan de forma diferente el operador normativo. Ahora bien, lo que interesa aquí no es tanto la lógica de normas o de proposiciones normativas que subyace a la disputa entre unos y otros, cuanto si esas diferencias son verdaderamente insalvables también con respecto al estatus ontológico de las normas jurídicas.

4.2.2. *La divergencia y el acuerdo mínimo sobre el estatus ontológico*

Hasta ahora sabemos que para la concepción hilética la norma no puede identificarse con el enunciado normativo que la expresa, pero tampoco es independiente de él. Dado que poseen una dimensión semántica, las normas solo pueden ser identificadas mediante la atribución previa de significado al enunciado. Para un hilético, como dice Navarro (1990: 32), el operador deóntico forma parte del contenido conceptual de la norma. Es decir, que para identificar la norma es necesario: i) saber qué indica el operador, una prohibición, permisión u obligación y, además, ii) cuál es el estado de cosas o la acción a la que se refiere. Si esto es así, una proposición que indique que en el conjunto normativo A es obligatorio p [Cn (A) Op], p (una acción o un estado de cosas) es obligatorio si, y solo si, es el caso de que p constituye una obligación en Cn (A) [70]. Esto es lo que afirma un hilético como Weinberger para quien constituye un sinsentido afirmar la obligación, permisión o prohibición de p sin especificar «la norma o el conjunto de normas» al que nos referimos. La afirmación tiene relevancia

---

[69] ALCHOURRÓN y BULYGIN (1981: 150).

[70] Cfr. ALCHOURRÓN y BULYGIN (1981: 129).

por el contrario cuando esto se especifica y, en consecuencia, la verdad o falsedad del enunciado depende la norma o conjunto de normas [71]. Obsérvese que la norma que expresa Op puede haber sido promulgada o no, ya que puede ser una consecuencia de (Cn), es decir, de otras proposiciones o normas promulgadas.

Para la concepción expresiva, lo relevante no es el significado o la dimensión semántica, sino el uso que se haga del lenguaje. En nuestro caso, un uso prescriptivo (Op). Es decir, lo relevante es lo que el operador normativo indica: el estado de cosas o la acción que la autoridad normativa ordena como obligatorio, permitido o prohibido mediante la emisión de un acto de habla. De este modo, la norma que ordena u obliga a hacer p —(!p) en la simbolización de Alchourrón y Bulygin—, consiste en el acto de ordenar o proferir (!p). Es decir, en el acto instantáneo de promulgacion de normas [72]. Si esto es así, la norma, en tanto que miembro del conjunto normativo (Cn), se identifica por el acto de voluntad que la ha proferido, lo mismo ocurre con Cn.

La concepción expresiva dispone en consecuencia de algo de lo que carece la hilética: un criterio de generación de normas. Como acertadamente señala Bayón, mientras que la concepción hilética es un punto de vista de las normas como entidades lingüísticas ideales, la expresiva es además una teoría acerca de la generación de normas [73]. Para la concepción expresiva el plano pragmático es lo importante: no hay norma sin expresión lingüística ni expresión lingüística sin autoridad normativa. Para la hilética lo importante es la dimensión semántica, pero ello no quiere decir que prescinda del acto realizativo del lenguaje. Es decir, para la concepción hilética el acto de promulgar o crear la norma por la autoridad es algo implícito, una condición previa de la existencia de las normas. Esto es al menos lo que significativamente afirma un hilético como Weinberger:

> «si definimos ordenar en un sentido amplio como el acto de producir una norma, entonces yo mismo soy un expresivista» [74].

---

[71] Cfr. Weinberger (1985: 168, nota 9).
[72] Cfr. Alchourrón y Bulygin (1981: 128).
[73] Cfr. Bayón (1991: 259-60).
[74] Cfr. Weinberger (1984: 466-7).

Pero si esto es así no parece que entre una y otra concepción haya diferencias sustanciales en relación a cómo llegan las normas a ser entidades realmente existentes y, en consecuencia, tampoco en cuanto a la propia ontología de las mismas.

Así pues, una y otra concepción están de acuerdo en que la existencia real de la norma depende de una acción de la autoridad normativa, la promulgación. El problema no reside entonces en el aspecto ontológico, sino en cómo debe interpretarse el enunciado que expresa el estado de cosas o la acción ordenada, prohibida o permitida por la autoridad. Hay, además, otro aspecto importante que ambas concepciones de las normas dan por presupuesto y, en consecuencia, tampoco existe divergencia sustancial entre ellas con respecto al mismo: el reconocimiento de la autoridad para ordenar, permitir o prohibir algo. Es decir, la identificación o reconocimiento de la orden promulgada por la autoridad no depende de ningún criterio lingüístico ni de la dimensión semántica del lenguaje, cuál sea el sentido de la orden sí.

4.3. Normas constitutivas y coherencia del sistema jurídico

Si se acepta este acuerdo mínimo con respecto al estatus ontológico de las normas jurídicas realmente existentes así como la independencia del criterio de identificación de la dimensión semántica del lenguaje, es lógico suponer que quien reconoce las normas promulgadas por la autoridad dispone de algún otro criterio para identificarlas como genuinas razones para actuar. Bayón (1991: 267), por ejemplo, impone dos condiciones a la existencia de un mandato genuino: i) la intención del emisor (A) de que el destinatario (B) tome la expresión como una muestra de A de inducir a B a hacer X como reconocimiento de la superioridad de A sobre él, y ii) el reconocimiento por parte de B de esa intención.

En el caso de nuestra práctica institucional el reconocimiento está relacionado con la legitimidad de la que dispone la representación del nosotros para adoptar decisiones vinculantes para todos. Ello se debe, como se recordará, a que las normas constitutivas de esta práctica atrincheran el criterio de excelencia del pacto político y, en consecuencia, resguardan algo aun más básico: la igual dignidad de cada individuo y, por tanto, la libertad y capacidad de cada uno para participar en pie de igualdad en los asuntos públicos que afectan a todos.

Sabemos también que las reglas constitutivas son el canon de interpretación y corrección de esta práctica o, lo que es lo mismo, tan solo a través de ellas es posible afirmar que nos encontramos ante la continuidad de la práctica constitucional o ante una práctica diferente. Esto es particularmente notorio en el caso de las reglas que señalan la competencia y el procedimiento que debe seguir la representación del nosotros para adoptar decisiones vinculantes para todos. Ciertamente estas reglas permiten comprobar quién y cómo ha adoptado la decisión y, por tanto, si el procedimiento de formación de esa decisión ha sido el correcto o no. De ahí que en el apartado 2.2 precedente las equiparara con las reglas técnicas a las que se refiere Von Wright. Sin embargo, estas reglas no ofrecen ningún criterio para evaluar el grado de corrección o adecuación de la decisión al conjunto de las normas constitutivas de nuestra práctica institucional. Ello se debe, por un lado, a que obviamente tales reglas son solo una parte de de las normas constitutivas y, por el otro, a la diferente estructura lingüística que presentan en comparación con las normas que enuncian los derechos y libertades. Creo que esto constituye un aspecto importante de la validez de las leyes en la democracia constitucional y merece prestarle atencion al menos por dos razones.

La primera se refiere a que no resulta del todo satisfactorio evaluar la validez de las leyes democráticas teniendo tan solo en cuenta una parte de las normas constitutivas de la práctica institucional. Esto supondría admitir que la validez se refiere tan solo al aspecto formal de la toma de decisiones, no a las decisiones en sí mismas. En este caso, podría decirse, parafraseando a Russell, que en el sistema jurídico hay enunciados o decisiones correctamente formados que no representan la realidad institucional a la que se refiere el conjunto de las normas constitutivas.

La segunda tiene que ver con la dimensión semántica del lenguaje y la ausencia de un procedimiento de evaluación fiable que permita concluir de manera definitiva, como ocurre en el caso de las reglas técnicas, que la decisión adoptada por la representación del nosotros es la correcta.

Por lo que hace a lo primero, la dimensión semántica del lenguaje es un problema genérico, no específico de las normas que enuncian los derechos y libertades. Afecta, en consecuencia, a la interpretación de todas las normas que integran el sistema jurídico. Pero sin duda se hace más evidente en estas últimas dado que incorporan en mayor grado conceptos morales o, en todo caso, densos y controvertidos. En cuanto a lo segundo, la ausencia de un método de evaluación fiable obliga a recurrir a procedimientos o criterios de evaluación auxiliares que, si bien no permiten concluir definitivamente que la decisión es la correcta, facilitan el acuerdo en aspectos importantes.

4.3.1. *Normas constitutivas y concepto de validez*

Si se admite que las normas constitutivas son el canon interpretativo de la práctica institucional parece consecuente con ello que el criterio de validez de las leyes en la democracia constitucional resulte de todas ellas en conjunto y no tan solo de una parte. Es cierto que ello contribuye a hacer más denso el concepto de validez. Pero también lo es que de este modo se complementa el criterio formal y resulta más acorde con las intuiciones habituales de los juristas. Piénsese en lo que ocurre con el siguiente ejemplo: el Parlamento español decide por amplia mayoría restringir la libertad de expresión y difusión de sus opiniones a todas aquellas personas mayores de edad que pertenezcan a un determinado club deportivo o asociación religiosa. Obviamente pocos estarían de acuerdo en que esta es una ley válida a la luz de lo que dispone el artículo 20.1.*a)* de la Constitución española. Sin embargo, si nos atenemos tan solo a las reglas de competencia y procedimiento carecemos de criterio alguno para no considerar válida tal decisión. Y carecemos de él, no porque el derecho y la libertad de expresión de las opiniones de cada uno no tengan límite, ni porque la representación mayoritaria carezca de competencia para imponerlo, ambas cosas son perfectamente viables tal y como indica el artículo 20.4.º CE. Simplemente carecemos de él porque a partir de las reglas de competencia y procedimiento no podemos evaluar la justificación de una decisión tan grave como esta ni saber si todas y cada una de esas personas a las que se priva genéricamente de un derecho fundamental han atentado o dañado el derecho al honor, la intimidad, el derecho a la propia imagen de los demás o a la protección de la infancia y la juventud.

Disponemos, pues, de un criterio formal para comprobar que el procedimiento de toma de decisiones se ha desarrollado correctamente. Es decir, de un criterio que sirve para evaluar el procedimiento particular al que queda sujeta la adopción de decisiones por la representación de nosotros. Este criterio, como afirman Maccormick y Bankowski (1986: 127), es pues una condición de validez ya que si el procedimiento no se desarrolla correctamente no es válida la decisión adoptada y, en consecuencia, carece de sentido afirmar que hubo incumplimiento del resto de condiciones que exigen las normas constitutivas. Esta condición de validez, como acabamos de comprobar con el ejemplo anterior, no es suficiente, sin embargo, en todos los casos.

La insuficiencia del criterio formal se encuentra implícita en la teoría kelseniana de la dinámica de los sistemas jurídicos. Para Kelsen, como se sabe, la validez de las normas que conforman este tipo de ordenamientos no depende exclusivamente del contenido, como ocurre en los sistemas de carácter estático, sino que radica en la forma en que han sido producidas. En última instancia porque el procedimiento empleado es acorde con la norma fundante básica [75]. De la norma básica se derivaría, en consecuencia, el fundamento de validez de las leyes pero no su contenido. En esto Kelsen se muestra tajante cuando afirma que:

> «de la norma básica se sigue la validez objetiva de las normas pero no normas dotadas de contenido» [76].

La norma fundante no es, pues, una norma material sino la norma habilitadora de la dinámica de los sistemas jurídicos. Representa entonces el punto de partida del proceso normativo con origen en la autoridad constituyente [77]. Corresponde, por tanto, a esta autoridad institucional dotar de contenido, si es que lo considera oportuno, a las normas constitutivas en tanto que estas son producto de un acto de voluntad [78]. Esta es, como puede comprobarse, una tesis eminentemente expresivista [79].

Ahora bien, si esto es así, las normas constitutivas de la práctica institucional, las normas independientes, son el criterio de validez de las restantes normas integrantes del sistema jurídico. Y lo son tanto en sentido formal como material ya que uno y otro deben ser respetados por la representación del nosotros a la hora de promulgar nuevas normas. En palabras del propio Kelsen:

---

[75] Cfr. KELSEN (1960: 205).
[76] Cfr. *id.*, 206, nota 118.
[77] Cfr. KELSEN (1944: 134).
[78] *Ibidem.*
[79] No en vano Alchourrón y Bulygin consideran que Kelsen es uno de los «casos más claros y destacados de la concepción expresiva de las normas», cfr. ALCHOURRÓN y BULYGIN (1981: 126).

> «La Constitución puede determinar negativamente que las leyes no deben tener cierto contenido. En este sentido negativo, no solamente el contenido de las leyes, sino el de todos los demás preceptos de un orden jurídico, así como las decisiones judiciales y administrativas, pueden hallarse determinados por la Constitución. Sin embargo, esta puede también prescribir, en forma positiva, un cierto contenido para leyes futuras» [80].

Pero además son también el criterio de identidad de la norma fundante básica dado que si su validez es supuesta descansa necesariamente en la de las normas positivas, que son válidas porque han sido producidas de acuerdo con la primera y, en consecuencia, el criterio de validez que emana de esta es el mismo que el que resulta de las normas constitutivas. Es decir, si es cierto que las normas constitutivas pueden tener cualquier contenido, también lo es que el de la norma fundante tan solo puede determinarse una vez que las primeras han sido identificadas [81].

La insuficiencia del criterio formal se encuentra probablemente mejor expresada en Hart quien explícitamente asume que la validez de las normas jurídicas depende de que satisfagan todos los requisitos de la regla de reconocimiento y, en consecuencia, no solo los formales [82]. Así lo afirma expresamente en su respuesta a la crítica de Dworkin en el *Postscript*:

> «mi teoría no es acerca de simples hechos positivos (*a plain fact theory of positivism*) desde el momento en que el criterio de Derecho admite valores y no solo meros hechos» [83].

Pero sin duda la versión más comprometida con la dimensión material del concepto de validez y la tesis semántica es la defendida por Ferrajoli, que afirma expresamente que el concepto de validez resulta de la conformidad con el criterio formal pero también con los valores atrincherados por las normas jerárquicamente superiores:

> «Por eso el juicio de validez acerca de una norma no es solo un juicio de hecho sobre los requisitos formales que la hacen reconocible [...] es también

[80] Cfr. KELSEN (1944: 148).
[81] Cfr. NINO (1985: 14), y RAZ (1970: 73).
[82] Cfr. HART (1961: 110).
[83] Cfr. *id.,* 248 y 264 ss.

un juicio de valor acerca de los contenidos sustanciales que hacen jurídicamente legítimo *quod principi placuit*»[84].

Hemos visto anteriormente que la concepción expresiva y la hilética comparten un acuerdo de mínimos sobre el estatus ontológico de las normas jurídicas. Ambas aceptan que lo que quepa entender por norma jurídica viene determinado por las condiciones de verdad del enunciado que la expresa. Una y otra concepción de las normas discrepan, sin embargo, en el modo de entender esas condiciones de verdad. Para la primera tan solo son verificables en el nivel pragmático, mientras que para la segunda se encuentra en la dimensión ideal o semántica del lenguaje[85]. Las diferencias entre una y otra concepción de las normas se diluyen notablemente si se repara en el hecho de que la verdadera obligación, permisión o prohibición que imponen las normas debe ser interpretada y que para ello es necesario disponer de algún criterio auxiliar. La interpretación de la acción o estado de cosas que requiere la norma es, por tanto, la que queda comprometida con el punto de vista interno de la institución a la que pertenecen. Y esta perspectiva interna, como advierte Nino[86], consiste en un juicio de valor sobre lo que debe hacerse. Es decir, dado que la interpretación depende de las normas constitutivas de la práctica institucional es tributaria del criterio formal pero también de los valores que estas atrincheran.

4.3.2. *Tolerancia ontológica y coherencia del sistema jurídico*

Si se acepta el acuerdo mínimo sobre el estatus ontológico de las normas jurídicas al que acabo de referirme quizá sea posible relativizar la dicotomía, en apariencia exhaustiva, entre dos categorías excluyentes de las normas jurídicas.

A juicio de Caracciolo, como vimos, esto parece poco probable ya que la elección de un concepto, abstracto o concreto, para las normas determina su ontología. En opinión de Weinberger, como vimos también, no solo es posible sino también plausible cierta relativización entre una y otra cate-

---

[84] Cfr. Ferrajoli (1995: 361-2).

[85] En «una fuerte presuposición ontológica de sabor platonista: la aceptación de las proposiciones prescriptivas», afirman Alchourrón y Bulygin (1981: 149).

[86] Cfr. Nino (1994: 46).

goría. Como se recordará Weinberger exigía la previa especificación de la norma o de un conjunto de normas dado, para poder predicar coherentemente de ellas ciertas propiedades. Es decir, para Weinberger es necesaria la existencia concreta o empírica de un conjunto de normas para definir después que propiedades tienen esas normas. Las propiedades que se pueda predicar de ellas son, en consecuencia, accesorias. La exigencia de Weinberger creo que puede ser asumida sin problemas por Caracciolo ya que, como él mismo advierte, a diferencia de lo que ocurre con la elección del concepto, la preferencia ontológica:

> «no determina *per se* una única noción posible. Un acuerdo sobre la natura leza de las normas supone incluirlas en un dominio de entidades que comparten el mismo estatus ontológico, pero no implica todavía una idea acerca de la propiedad definitoria del conjunto compuesto por "normas"» [87].

De ser así, podría decirse entonces que de una norma o un conjunto de normas dado o empíricamente existente se derivan ciertas propiedades. Ello permitiría por ejemplo dar cabida a las intuiciones básicas que manejan los juristas cuando afirman que una norma existe o deja de existir como consecuencia de ciertos actos humanos como los de promulgación y derogación. Es decir, que tienen una existencia temporal localizable en el tiempo y en el espacio, como ocurre por otra parte con los sistemas jurídicos. Ciertamente la dinámica de los sistemas jurídicos sería difícilmente explicable sin hacer referencia a hechos institucionales, que son concretos. Así decimos que un sistema S existe en un tiempo y espacio determinados y que es sustituido por otro sistema S1 cuando se promulgan nuevas normas o se deroga alguna de las existentes. Pero también es usual predicar de los sistemas jurídicos ciertas propiedades definitorias como indica Caracciolo. Estas propiedades, sin embargo, resultan de las relaciones entre normas que son estrictamente conceptuales y, en consecuencia, no pueden hacerse depender de hechos concretos, como los institucionales cuya ocurrencia es en todo caso contingente.

Ambas categorías parecen ser útiles para describir el funcionamiento de los sistemas jurídicos que conocemos y prescindir de cualquiera de ellas de antemano podría resultar poco esclarecedor ya que antes que mutuamente

---

[87] Cfr. CARACCIOLO (1996: 183-4).

excluyentes parecen ser complementarias. Una combinación satisfactoria entre ellas se obtiene, a mi juicio, a través del «principio de tolerancia ontológica» elaborado por Vilajosana [88]. Este principio parte de la consideración previa de un sistema de categorías ontológicas coordinadas entre sí en el que se examina la existencia de una entidad a partir de la dependencia que mantiene con entidades reales y estados intencionales, así como del tipo de dependencia que se da en cada caso. El sistema de categorías analiza doce casos de los que aquí interesan dos, el b) y el h) [89].

El caso b) se refiere a la «dependencia genéricamente constante e históricamente individual de entidades reales» [90]. Atañe, por tanto, a ciertas entidades que si bien carecen de localización espacio-temporal deben su existencia a una entidad real, la ocurrencia de un hecho localizable en el tiempo y en el espacio, por ejemplo. La subsistencia de estas entidades depende además de la pertenencia a una clase. Esta es una combinación atractiva a la que se adecuan bien las dos dimensiones de las normas o de los conjuntos de normas como exige la concepción hilética y particularmente Weinberger.

El caso h) toma como referencia los estados intencionales y remite a la «dependencia genéricamente constante e históricamente individual» de estos. Este caso alude, por tanto, a ciertas entidades que requieren un estado intencional originario y, además, la presencia constante de estados intencionales de otros individuos que las entiendan e interpreten [91]. Esta segunda combinación creo que sería admitida por cualquier expresivista dado que tiene en cuenta el acto de voluntad originario y las sucesivas interpretaciones del mismo.

A partir de la combinación de ambos casos Vilajosana construye su tesis acerca del carácter convencional de las prácticas jurídicas de identificación del Derecho en la que ahora no puedo detenerme [92]. Tan solo me interesa señalar que a partir de esta combinación es posible explicar que la existencia de ciertas entidades, como es el caso de las normas y los sistemas jurídicos, depende de un hecho perfectamente localizable en el tiempo.

---

[88] Cfr. Vilajosana (2010a: 47 ss.).
[89] Los doce casos examinados se encuentran en *id.*, 50.
[90] Cfr. *id.*, 51.
[91] Cfr. *id.*, 53.
[92] Remito al lector interesado a *id.*, cap. VI.

Pero también que es posible establecer ciertas relaciones conceptuales entre ellas que derivan de la dimensión semántica del lenguaje en el que se expresan.

Y, si esto es así, creo que esta dimensión debe ser tenida en cuenta, al menos tan en cuenta como la dimensión sintáctica o formal, a la hora de referirnos a la validez de las leyes en la democracia constitucional. Entre otras cosas porque de este modo es posible mostrar que ciertas propiedades definitorias de los sistemas jurídicos, como es el caso de la coherencia, no pueden ser explicadas únicamente en términos formales. Al menos no satisfactoriamente ya que parece ser una intuición compartida que preterir los valores que atrincheran las normas constitutivas es motivo suficiente para considerar inválida cualquier decisión de la representación del nosotros, por muy correcto que haya sido el procedimiento de adopción de la misma.

5. NIVEL PRAGMÁTICO. LA CONTINUIDAD DE LA PRÁCTICA CONSTITUCIONAL

Mediante la comparación con los ejes sintáctico y semántico de la semiótica lingüística he tratado de mostrar la estructura compleja de los sistemas jurídicos de la democracia constitucional. Esta complejidad se debe, a mi juicio, a que las normas constitutivas no solo especifican los criterios formales que rigen el desarrollo o continuidad del pacto político, sino que atrincheran también los valores que constituyen el núcleo de excelencia de ese pacto. Es decir, la razón de ser de la continuidad de la práctica constitucional. El valor de la ley democrática. Defendí, en consecuencia, que el criterio formal que resulta de las reglas de competencia y procedimiento es condición necesaria pero no suficiente de la validez de las leyes democráticas.

Como dije en el eje semántico anterior, disponer de un concepto de validez acorde con la complejidad de los sistemas jurídicos democrático-constitucionales exige incorporar también algún criterio material mediante el cual sea posible comprobar que esos valores tienen continuidad en la práctica constitucional. Valiéndome por ello de conceptos como los de sentido, referencia, verdad o justificación, más propios en principio de la filosofía del lenguaje que de la jurídica, traté de mostrar la complejidad de la dimensión composicional del sistema jurídico. Asimismo dije que una explicación adecuada y sistemática de su estructura requiere, en ocasiones, disponer de criterios auxiliares como los que ofrece, entre otras, la propia filosofía del lenguaje.

El eje pragmático debería servir, por tanto, como un genuino test de prueba de lo dicho en los dos anteriores. No pocos conceptos de los que he usado hasta ahora, como pueden ser los de procedimiento, regla, dinámica jurídica, etc., parecen remitir ciertamente a un escenario real en el que se ponen en práctica. Contamos pues, como afirma Vernengo (1973: 138) con el vocabulario adecuado para comprender el sistema, queda ahora comprobar si el funcionamiento real del sistema se adecua o no a ese vocabulario.

Probablemente el mejor ejemplo del que disponemos para comprender la dimensión pragmática lo ofrezca la comunicación lingüística[93]. De ahí que como afirma Atienza (2006: 256) la concepción pragmática presuponga ciertas premisas que operan como punto de partida de los procesos comunicativos. Valiéndome una vez más del auxilio de la filosofía del lenguaje, analizaré brevemente en este eje pragmático los presupuestos formales y materiales que imponen las normas constitutivas de nuestra práctica institucional para la toma de decisiones por la representación del nosotros y lo compararé, como ocurre con la comunicación en el lenguaje, con el resultado final que pueda tener esa decisión.

5.1. Las reglas de formación del lenguaje institucional

Si se acepta que la situación pragmática por excelencia es el acto comunicativo del lenguaje, estamos dando por supuesto que comunicar consiste en enunciar algo que tiene cierto sentido para los demás: una descripción, una orden, una interrogación, etc. Con ello aceptamos otro presupuesto previo, el de que el acto de habla, el enunciado que describe, ordena o interroga algo se ha efectuado correctamente. Es decir, que se adecua a las reglas de formación y de ahí que podamos entenderlo, atribuirle cierto sentido. Por eso, como decía el primer Wittgenstein, el enunciado es como una figura que representa la realidad.

Dado que para comprender un enunciado es preciso conocer primero los signos con los que se expresa así como las reglas de formación o com-

[93] Cfr. Schreckenberger (1978: 30).

posición y asumir después que los demás también los conocen y comprenden; la comunicación parece adquirir un carácter convencional. Como se sabe, Platón ya puso de manifiesto la aparente naturaleza convencional del lenguaje en el *Cratilo*. De acuerdo con el esquema platónico de este diálogo, el acto comunicativo tendría tres factores importantes: i) la articulación correcta de las partes del enunciado; ii) el acuerdo sobre el significado central de las palabras, dado que estas al tener una dimensión ideal expresan conceptos cuya esencia genuina desconocemos, y iii) el acto mismo de comunicar algo a través del lenguaje, en tanto que este sería proceso y producto de composición de los anteriores [94]. De los tres el que interesa en el eje pragmático es el último. Ahora bien, según Platón, el acto de comunicar presupone los dos anteriores. Es decir, el conocimiento de los signos y del uso que se puede hacer de ellos, y el acuerdo sobre el significado central de lo que expresan. En otras palabras, la comunicación es posible porque hablante y oyente entienden lo que se expresa aunque en algunos casos lo hagan de forma diferente. Los casos de discrepancia pueden deberse en consecuencia a cualquiera de los dos factores, o a ambos a la vez. Si la discrepancia se debe a lo primero diremos que hay un uso incorrecto de los signos, o lo que es lo mismo, que las reglas de formación no se han seguido adecuadamente. Pero si se debe a lo segundo, nos encontramos ante una discrepancia genuina en relación con los posibles significados del enunciado. Creo que el primer problema, tanto en el caso de la comunicación lingüística como en el de los sistemas jurídicos democráticos, tiene una solución más sencilla que el segundo.

5.2. Seguir las reglas

Si aceptamos que seguir reglas implica cierta regularidad en los actos humanos, obviamente el seguimiento de reglas es una actividad, una práctica regular. No diríamos lo mismo de otros hechos a los que, sin embargo, también atribuimos cierta regularidad, como ocurre por ejemplo con los hechos naturales. Aquí interesa tan solo el primer sentido del seguimiento de reglas. Pero creo que los dos son importantes para expresar nuestras intuiciones básicas acerca de las reglas.

---

[94] Cfr. Platón (2002: 138), y Domínguez (2002: 53-4).

En el caso de los actos humanos, los hechos institucionales, por ejemplo, el seguimiento de reglas implica la regularidad de la acción. Es decir, una actividad que si es regular lo es por referencia a la regla. Esto es fácilmente comprensible si se repara en lo que ocurre con el lenguaje, los juegos, las recetas de cocina, las instrucciones de uso o con algunas de las reglas constitutivas de nuestra práctica institucional. Consecuentemente con ello decimos que son regulares aquellas acciones que se ajustan a la regla, aunque discrepemos después sobre el resultado de la acción.

En el caso de los hechos naturales no ocurre lo mismo. No decimos que un hecho natural es correcto porque se adapta a la regla, sino que la regla es incorrecta cuando no se adapta a los hechos. Sin embargo, también nos referimos habitualmente a hechos o sucesos naturales que ocurren de manera irregular. Pero de nuevo no nos referimos a la corrección del hecho, sería absurdo plantearse la corrección de un terremoto, sino a la incapacidad de la regla para dar cuenta de esos sucesos. Es decir, en puridad a la ausencia de reglas para ellos.

Hay, por tanto, al menos dos sentidos de regularidad que conviene no confundir. En el primer sentido, regularidad indica la corrección del acto humano, en tanto que este tan solo puede ser interpretado en términos institucionales. En el segundo, se refiere no a la corrección del hecho, sino a la de la regla. Creo que esto es importante porque mientras en el primer caso evaluamos la acción tomando como referencia la regla, en el segundo hacemos justamente lo contrario, evaluar la regla tomando como referente el hecho.

Si se acepta lo anterior puede decirse entonces que la razón para realizar cualquier acción humana que consideramos regular es la propia regla. Particularmente en aquellos casos en los que, como señala Schauer (1991: 152), la experiencia indica que hay una brecha entre la generalización que implica toda regla y sus justificaciones subyacentes. Podría pensarse entonces que las acciones basadas en reglas son en cierto modo irreflexivas dado que éstas pueden presentar problemas de sub y sobre inclusividad. Ciertamente, como indica Schauer, las reglas, en tanto que ejemplos tipo o miembros de una clase,[95] pueden presentar problemas de aplicación:

---

[95] Cfr. SCHAUER (1991: 18).

> «tomar una regla como aplicable no solo depende de la propia designación de aplicabilidad de la regla, incluso presuponiendo su validez interna, sino de algo externo a la regla y del sistema del que es parte. Este algo no solo determina cuándo la regla es aplicable sino que también determina ciertas características de la propia regla» [96].

Creo que la advertencia de Schauer es importante por varias razones. En primer lugar, Schauer se refiere a las reglas como entidades pertenecientes a una clase, que como vimos anteriormente es uno de los requisitos que exige Vilajosana de aquellas entidades con dependencia genéricamente constante e históricamente individual de entidades reales [caso b)] [97]. En segundo lugar, los problemas de aplicabilidad a los que se refiere Schauer parecen ser independientes de la validez interna de la regla. Es decir, los problemas de aplicabilidad pueden presentarse aun cuando no existan dudas de que la regla es formalmente correcta de acuerdo con el sistema al que pertenece. En tercer y último lugar, porque esos problemas se deben, según indica también Schauer, a algo externo a la regla y al sistema al que pertenece.

Por el momento interesa decir algo más sobre la segunda de estas razones. De la primera y la tercera, dado que parecen confirmar la tolerancia ontológica y el problema de los desacuerdos en el nivel semántico, me ocuparé en el siguiente apartado.

Si se admite con Schauer que los problemas de aplicabilidad de la regla son independientes de su validez interna, estamos asumiendo con ello la validez del sistema al que pertenece la regla. Dicho con otras palabras, suponer la validez interna de la regla requiere conocer otras reglas del sistema de acuerdo con las cuales decimos que esta es válida, que la identificamos como un miembro del sistema. Y, por tanto, admitir la validez del sistema en su conjunto. Las razones de ello pueden ser muy variadas como vimos. Pero no es esto lo que ahora importa.

Lo importante es que en estos casos no se cuestiona la validez interna o formal de la regla, ni la del sistema al que pertenece. Creo que esto resulta particularmente notorio en el caso de los hechos institucionales. Un hecho institucional puede ser correcto o incorrecto, válido o inválido

---

[96] Cfr. *id.,* 126.

[97] *Vid. supra,* apartado 4.3.2.

pero lo es siempre por referencia a la regla. Así sucede de forma evidente con algunos juegos como el ajedrez en el que las reglas no se cuestionan. Algo similar podría decirse de las reglas gramaticales de acuerdo con las cuales juzgamos la expresión lingüística. Creo que el conocido ejemplo del juego del «escarabajo en una caja» que propone Wittgenstein ejemplifica bien este tipo de situaciones. Son casos en los que, como afirma el segundo Wittgenstein, una vez que se admite que las reglas se construyen de acuerdo con un modelo de «"objeto y designación", entonces el modelo queda fuera de consideración por irrelevante»[98]. Ciertamente, no parece muy adecuado entrar en otras consideraciones acerca de un jaque mate o de la conjugación de un verbo más allá de las formales.

Hay, sin embargo, otros hechos institucionales, como es el caso de algunos deportes, las recetas de cocina y particularmente el de nuestra práctica institucional, en los que ocurre algo similar pero no exactamente lo mismo. Ciertamente quien juega o asiste a un partido de fútbol no cuestiona usualmente las reglas, lo mismo podría decirse de quien atiende las instrucciones de una receta de cocina. En estos casos las reglas simplemente no se discuten. Se aceptan porque forman parte de la práctica del fútbol o de la receta culinaria, de lo contrario estaríamos ante prácticas diferentes, irregulares. Lo mismo puede decirse de las reglas constitutivas de nuestra práctica institucional. Hasta aquí la similitud entre todos los hechos institucionales.

Los problemas de aplicación de la regla, y aquí radica la diferencia entre unos hechos institucionales y otros, aparecen en estos casos por algo externo a la regla y también del sistema al que la regla pertenece. Las discrepancias en relación con la corrección de un fuera de juego o del *fair play* en el fútbol[99], del sabor final de nuestra paella o de la legalización del aborto no son problemas que tengan que ver con la regla ni con el sistema al que pertenece. Las discrepancias se deben a algo que aunque forma parte del sistema: el *ethos* en el deporte, salpimentar al gusto en las recetas de cocina, o los valores de igual dignidad y libertad que atrinchera el *Bill of Rights*, requiere para su correcta elucidación la concurrencia de criterios auxiliares. Es decir, de criterios que no forman parte del sistema y en consecuencia son causa de la indeterminación de la regla.

---

[98] Cfr. WITTGENSTEIN (1953: 245).
[99] *Vid.* PÉREZ TRIVIÑO (2011).

En los dos supuestos hay seguimiento de reglas. Pero en los casos del segundo supuesto el modelo de objeto y designación no es tan preciso como ocurre en los primeros. En estos casos el objeto de la designación es vago y, en consecuencia, sí importa.

5.3. Interpretar la continuidad de la práctica institucional

Como se recordará la primera y tercera razones a las que alude Schauer cuya consideración pospuse para este último apartado eran: i) la consideración de las reglas como miembros de una clase, y ii) que los problemas de aplicación de las regla se deben a algo externo a ellas y al sistema que pertenecen. Ambas sirven, a mi juicio, para ejemplificar la caracterización de las normas constitutivas de nuestra práctica institucional. Es decir, el criterio de evaluación en la práctica de los hechos institucionales a los que se refieren: la decisión del nosotros.

De acuerdo con la primera razón: la consideración de las reglas como entidades pertenecientes a una clase y su combinación con la dependencia de estados intencionales, dije que era posible caracterizar las normas jurídicas, por tanto, también nuestras normas constitutivas, como entidades reales, localizables en el tiempo y en el espacio, pero dotadas a su vez de dimensión semántica o, si se prefiere, conceptual. Si esto es así, todas las normas jurídicas adolecen, debido a esa dimensión conceptual, de cierto grado de vaguedad o indeterminación. Pero ciertamente unas más que otras. Creo que es razonable defender que no es lo mismo la indeterminación de la regla de dos tercios para adoptar determinadas decisiones que la indeterminación del derecho de igualdad.

La última de las razones: la causa externa de los problemas de aplicación de la regla, creo que pone adecuadamente de manifiesto las dificultades interpretativas que genera la dimensión semántica de las normas. Este problema, como afirma Schauer, se hace particularmente notorio en el momento de la aplicación, por tanto, también en el de aplicación de las reglas constitutivas de nuestra práctica. Esto resulta evidente con muchas expresiones que incorporan los sistemas jurídicos. Pero quizá el caso en el que cobra mayor relevancia es en el de las normas que enuncian los derechos y libertades.

Ciertamente estas normas incorporan conceptos sumamente vagos y controvertidos. Conceptos tales como los de igual libertad y dignidad que no tienen una definición precisa ni, por supuesto, aceptada universalmente. Intuimos, sin embargo, que lo que expresan es valioso, aunque discrepemos después a la hora de su aplicación a los casos concretos. Hay, por tanto, un acuerdo genérico y discrepancias específicas en relación con ellos. El acuerdo sería el equivalente a la zona de luminosidad de la metáfora del foco de luz. El acuerdo es, en consecuencia, el que queda atrincherado por las normas constitutivas: el criterio de excelencia del pacto constitucional al que no afectan los desacuerdos. De ahí que, como dije, el criterio de excelencia atrincherado constituya un derecho de veto del que dispone cada uno frente a la decisión del nosotros [100]. Un criterio de excelencia, por otra parte, que debe ser mínimo para ser consecuente con la igual dignidad y capacidad de cada individuo para seguir decidiendo [101].

Dado que la representación del nosotros no puede prescindir de estos conceptos tiene obviamente que decir también sobre ellos. Y es aquí donde radica la prioridad lógica de las normas que enuncian los derechos y libertades sobre las de competencia y procedimiento. La validez formal del hecho institucional de toma de decisiones no garantiza por sí sola la continuidad de esos derechos. Entre otras cosas, porque el propio sistema de reglas únicamente nos informa de forma autónoma sobre quién y cómo decide pero requiere de criterios auxiliares para saber qué es la dignidad o la libertad, o lo que es lo mismo, para saber sobre qué se está decidiendo. Es decir, para saber si se está decidiendo de acuerdo o en contra del concepto que las normas constitutivas de la práctica institucional atrincheran. Creo que si esto último ocurriese de manera irrazonada, apelando únicamente a la regularidad del proceso de formación de la decisión, habría acuerdo sobre la inconsecuencia pragmática en la que incurre la decisión del nosotros. Esto es fácilmente comprensible si se piensa en una decisión del Parlamento español que aprobase por ejemplo la pena de muerte o que promulgase cualquier ley sin el quórum mínimo exigido por las reglas de competencia. Y, si esto es así, parece que la dimensión material de la ley es al menos tan importante como la formal para elaborar un concepto de validez acorde con las normas constitutivas de esta práctica. En consecuencia

---

[100] Un derecho de veto que se hace patente en la previsión de un procedimiento judicial para la protección de los derechos fundamentales, como ocurre con la Ley 62/1978. Procedimientos de este tipo son, en todo caso, totalmente diferentes de los procedimientos genéricos de revisión de las leyes en sede judicial.

[101] *Vid. supra,* I, 1.1.

también con las que atrincheran el criterio de excelencia del pacto político, lo que quiere decir que el valor de la ley también importa para el concepto de validez de las leyes democráticas.

5.4. Conclusiones provisionales

Comencé este capítulo con una breve referencia a la noción genérica de sistema. Ello me permitió diferenciar entre distintos tipos de sistema y realizar una caracterización más precisa del sistema jurídico. Dije entonces, que el sistema de normas que afecta a nuestra práctica institucional es aquel que tiene origen en un hecho empírico, lo cual es muy diferente de afirmar que todas las normas del sistema comparten ese mismo origen.

Esta manera de caracterizar el sistema jurídico me permitió definir el tipo de relación que debían satisfacer las normas dependientes del sistema. Acogiéndome a lo que Caracciolo denomina la versión estándar de los sistemas normativos, dije entonces que la primera cuestión, aunque ciertamente no la única, que había que responder para saber si las normas dependientes satisfacían la relación de legalidad se refería a un hecho empírico (apartado 1).

Una vez resuelto mínimamente el problema ontológico nos enfrentamos a un interrogante de tipo conceptual. Para responder a este último interrogante necesitábamos conocer cuál era la relación que existe entre normas constitutivas y hechos institucionales. Para ello utilicé como esquema de análisis los tres ejes de la semiótica lingüística.

Como paso previo al análisis de esta relación en cada eje me detuve en la distinción entre reglas constitutivas o determinativas y regulativas a las que se refieren Searle y Von Wright. A partir de esta distinción, y dada la similitud que parece existir entre normas determinativas (constitutivas en la terminología de Searle) y reglas técnicas en la caracterización de Von Wright, dije que las normas constitutivas de nuestra práctica institucional eran asimilables a ellas. Como consecuencia de ello atribuí once características a las normas constitutivas y ocho a los hechos institucionales que, en conjunto, definían la práctica institucional (apartado 2).

Después de una breve justificación del esquema de análisis empleado, analicé a través del eje sintáctico los criterios formales de validez del sistema, imprescindibles como vimos para cumplir con la condición de regularidad que atrinchera el pacto (apartado 3).

Dado que la condición de regularidad es necesaria pero no suficiente para dar continuidad en la práctica al pacto constitucional, vimos en el eje semántico los problemas que suscitaba la dimensión ideal de las normas en relación con su ontología, así como los desacuerdos que ello generaba en torno al significado de los conceptos densos o controvertidos que incorporan en mayor medida las normas que enuncian los derechos y libertades. Mediante el análisis de las diferencias que de acuerdo con Alchourrón y Bulygin existen entre la concepción hilética y la expresiva de las normas pudimos comprobar que si bien era posible alcanzar un acuerdo de mínimos con respecto al estatus ontológico, los desacuerdos en relación con el significado terminaban por afectar a la coherencia interna del sistema. Para dar cabida a la dimensión empírica e ideal a la que se refiere cada una de estas concepciones, y dado que las dos son útiles para describir el funcionamiento de los sistemas jurídicos, enuncié un principio de tolerancia ontológica a través del que pude mostrar que la condición de regularidad no es suficiente para cumplir satisfactoriamente con el requisito de coherencia del sistema (apartado 4).

Como las divergencias, y el acuerdo, entre ambas concepciones de las normas parecen situarse a medio camino entre el eje semántico y el pragmático, como ocurre con los *juegos del lenguaje* de Wittgenstein; analicé en el eje pragmático el desarrollo de la práctica institucional. Dado que, en tanto que institucional, nuestra práctica queda sujeta a normas constitutivas, examiné en primer lugar las reglas de formación del lenguaje institucional y expuse, en segundo lugar, los requisitos formales y materiales que a mi juicio exige la regularidad de esta práctica institucional. Por último, y como quiera que los problemas de regularidad que puede presentar esta práctica no son sino problemas de aplicación de reglas que tan solo pueden ser resueltos a través de la interpretación, propuse un criterio interpretativo en el que tienen cabida la dimensión formal y material de las normas constitutivas. Es decir, un criterio de interpretación que permite dar continuidad en la práctica a la condición de regularidad y a la de permanencia del pacto.

Capítulo cuarto
EPÍLOGO

A lo largo de los capítulos anteriores he tratado de mostrar el cambio que ha supuesto el constitucionalismo democrático en relación con la identificación y justificación de la ley y, consecuentemente con ello, la modificación formal y sustancial que este diseño institucional ha operado en el concepto de validez de las leyes.

En el primer capítulo habíamos visto que los criterios a partir de los cuales se elaboraba el concepto de validez dependían de factores externos al Derecho. La ley era identificada en primer lugar por referencia a un hecho: el acto de voluntad de la autoridad. Pero este hecho requería, a su vez, el previo reconocimiento de la legitimidad de la autoridad para promulgar las leyes. Lo cual, ciertamente, nunca resultó ser de sencilla elucidación.

De todas formas, aun pudiendo ser identificada a partir de este hecho, a través de un criterio empírico por tanto; la ley para ser reconocida como válida requería de otros atributos. Estos reenviaban a la consecución de un estado de cosas —el bien común, por ejemplo— o a ciertos límites a los que quedaba sujeta la autoridad: los derechos innatos de los individuos. En ambos casos la validez de la ley se hacía depender del cumplimiento de un deber con el que por acción u omisión quedaba comprometida la autoridad. Si ley vigente era la voluntad del soberano —*quod principi placuit*, de acuerdo con Ulpiano— ley válida era tan solo la que podía ser interpretada de conformidad con la voluntad soberana, una especie de esa razón legisladora universal a la que se refiere Kant (1781: 636) mediante la cual se enlaza la razón práctica con la especulativa. Puede afirmarse, por tanto, que el concepto de validez de las leyes siempre fue dependiente de un deber ser. Ahora bien, el problema para elucidar en qué consistía este concepto no radicaba tanto en la asunción del deber adquirido cuanto en conocer cuál era. Es decir, en saber en qué consistía realmente el bien común o los límites naturales a los que quedaba sujeta la voluntad de la autoridad.

Esto, como sabemos, resultaba prácticamente imposible en opinión de Platón debido a dos razones diferentes pero vinculadas entre sí: i) la propia naturaleza de los seres humanos, y ii) la dimensión ideal de estos conceptos. Aunque la primera está relacionada con la segunda [1], ahora tan solo interesa esta última. Ciertamente esta característica ideal de los conceptos y, por tanto, del lenguaje en el que se expresan, tiene mucho que ver con la caracterización platónica de las leyes, también con la de la concepción hilética como vimos en el eje semántico del capítulo anterior. En ambos casos se requieren idénticos requisitos para conocer respectivamente la justicia o la validez de la ley dentro del sistema al que pertenece: i) la promulgación efectiva de la ley, un hecho empírico, y ii) la interpretación posterior de lo expresado en la misma, un procedimiento conceptual.

Algo similar ocurre con la caracterización aristotélica de la ley, pero por razones diferentes. Como sabemos, las leyes eran para Aristóteles consustanciales a la naturaleza social o política de los seres humanos. En consecuencia, tenían como origen y destino la realidad social. Debido precisamente a esa naturaleza social, la finalidad de la legislación era promover el bien común y la justicia en la comunidad. Esto era lo que hacía virtuosos a los legisladores y en ello radicaba, por tanto, la virtud o el valor de la ley. Aristóteles, como vimos, afirmaba que las cosas podían ser de una u otra manera antes de que las regule la ley pero una vez reguladas ya no da lo mismo cómo sean. Por eso todo lo que ordenaba la ley era en cierto modo justo. Aunque ciertamente Aristóteles aclara que esta, la justicia legal, no puede ser equiparada con la justicia perfecta, que es natural. Es decir, en la caracterización aristotélica de las leyes es necesario diferenciar también la dimensión empírica o factual de la natural o conceptual. En esta última reside el criterio de virtud de la ley puesto que para calibrar el grado de adecuación de la ley empírica es necesario saber primero en qué consiste la justicia o legalidad natural.

Como he tratado de mostrar en el primer capítulo, creo que estas dos concepciones de la ley, que difieren en el aspecto metodológico pero convergen en lo sustancial, han dejado honda impronta en la filosofía jurídica

---

[1] *Vid. supra*, I, ap. 1.2.

y política occidental. Podría decirse, parafraseando a Borges (1949), que toda filosofía posterior a estos autores nace platónica o aristotélica.

Para la primera, dado el carácter ideal de los conceptos, el estado de cosas o los derechos innatos de los individuos a los que queda sujeta la autoridad tan solo podrían ser conocidos tentativamente o, por así decir, de manera aproximada. Para quienes de una forma u otra están de acuerdo con esta concepción platónica, el criterio de validez de las leyes tan solo puede ser obtenido por deducción. Si el procedimiento deductivo es correcto, el criterio de validez resultante será, por tanto, universal. Probablemente la *Grundnorm* kelseniana cjcmplifique bien esta situación en la que, si se respeta el procedimiento establecido, la cadena de validez, nos encontramos ante un concepto de validez puro, universal.

Para la segunda concepción, en cambio, dado que las leyes son consustanciales a la naturaleza política del ser humano, el estado de cosas o los principios de justicia social tan solo pueden resultar de un proceso constructivo, y en ningún caso serían idénticos a la justicia perfecta o natural. Para quienes se adhieren a la concepción aristotélica, el criterio de virtud o validez de la ley resulta, por tanto, de un procedimiento inductivo. Si el procedimiento tiene éxito se obtendrá un criterio de validez aproximado pero no idéntico al natural. Es decir, artificial o, si se prefiere, convencional. Hart parece referirse a algo similar cuando alude a los criterios de identificación del Derecho compartidos en la práctica por ciudadanos y funcionarios (*officials*) que dan vida a la regla de reconocimiento.

Sin embargo, ambas concepciones de la virtud de la ley, y, por tanto, de la justicia, convergen como acabo de decir en lo sustancial. Las dos otorgan un papel preponderante a la razón práctica y, en consecuencia, a los individuos y a la sociedad en la que se llevan a cabo uno y otro procedimientos. Al menos si por razón práctica entendemos con Barry y Rawls, aquella que se encuentra bifurcada y sujeta, por tanto, a dos criterios de corrección: morales y prudenciales para el primero[2]; racionales y razonables para el segundo[3]. En cualquier caso, ambos están de acuerdo en que la razón práctica no se reduce a la instrumental[4].

---

[2] Cfr. Barry (1989: 292).
[3] Cfr. Rawls (1993: 104).
[4] Cfr. Barry (1989: 303); Rawls (1993: 52), y Seleme (2004: 69).

Creo que esta forma de concebir la razón práctica permite describir satisfactoriamente algunas de nuestras intuiciones básicas sobre la democracia constitucional. Si esto es así, cualquiera de las concepciones anteriores sobre la virtud de la ley, o si se prefiere cualquiera de los procedimientos a seguir para elucidar el criterio de validez, deberían converger también en el aspecto sustancial.

1 MODIFICACIÓN DEL CRITERIO DE VALIDEZ EN LA DEMOCRACIA CONSTITUCIONAL Y ESTABILIDAD DEL SISTEMA POLÍTICO-JURÍDICO

En el segundo capítulo de este trabajo dije que el constitucionalismo democrático se asentaba sobre un presupuesto común: la igualdad política de los individuos, dado que esta se encuentra en la base de cualquier sistema político que conceda prioridad a la preferencia de la mayoría. Este presupuesto común traía causa, como vimos, de algo aún más básico: la igual dignidad de cada individuo y, por tanto, la igual capacidad para elegir y expresar libremente sus preferencias. De acuerdo con este presupuesto básico, afirmé que una constitución genuinamente democrática debía garantizar la libertad y autonomía necesarias para que esas preferencias individuales pudieran ser formadas y expresadas en pie de igualdad. Lo que hacía virtuosa a esta forma de organización política, como vimos entonces, iba, por tanto, de lo individual a lo colectivo, del cada uno al nosotros. Y en tanto que constituía la *conditio sine qua non*, el patrón de excelencia de este diseño institucional, quedaba justificado su atrincheramiento por el pacto político.

Las consideraciones anteriores no se refieren obviamente a nuestras intuiciones básicas acerca de la razón práctica, sino a cómo concebimos a los individuos y a la sociedad. Es decir, a los sujetos de la razón práctica y a la comunidad política. Responden, como afirma Seleme (2004: 71), a la pregunta relativa a cómo deben ser las personas para ejercerla. Sin embargo, si compartimos la intuición de que la constitución democrática debe proteger y garantizar la autonomía necesarias para que las preferencias individuales puedan ser formadas y expresadas libre e igualmente, estamos suponiendo con ello que reconocemos igual capacidad para razonar a cada uno de esos individuos. Dicho de otro modo, porque reconocemos a cada uno de los individuos capacidad para perseguir racionalmente sus fines y la razonabilidad necesaria para reconocer que otros individuos puedan tener y perseguir fines diferentes, es por lo que los consideramos libres e iguales para decidir autónomamente. En conclusión, porque poseen, como afirma Rawls,

> «en el grado requerido los dos poderes de la personalidad moral, a saber, la capacidad para tener un sentido de la justicia y la capacidad para tener una concepción del bien»[5].

Una vez caracterizados los individuos de esta forma, queda aun por saber de qué modo concebimos las relaciones entre ellos. Es decir, disponemos ya de una idea normativa de los individuos pero aun no de la sociedad. Una forma de concebir las relaciones sociales que se adecua bien a esta caracterización de los individuos es la que se basa en la reciprocidad. Si esto se acepta, podremos decir entonces que nuestra concepción de la razón práctica, y, por tanto, de la justicia, se basa en el principio de equidad.

Según Rawls (1993: 35), para que una sociedad de este tipo esté bien organizada se requieren tres requisitos. El primero se encuentra implícito en la idea de una concepción de la justicia reconocida públicamente y, en consecuencia, cada uno acepta, y sabe que los demás aceptan, los mismos principios de justicia. El segundo requisito se refiere a la estructura política y social básica de la sociedad, sobre la cual hay un conocimiento público, o al menos buenas razones para pensar que satisface los principios de justicia. El tercero hace referencia a los individuos que, en tanto que poseen las dos características de la personalidad moral, tienen un efectivo sentido de la justicia y cumplen habitualmente con lo que disponen las instituciones sociales que ellos mismos reconocen como justas.

Creo que si hay acuerdo en esto existen también buenas razones para pensar que ese núcleo mínimo que queda atrincherado por el pacto político, al que generalmente se alude como como *Bill of Rights*, no expresa sino especificaciones de nuestra forma de concebir la razón práctica y, por tanto, del principio de reciprocidad. Cierto es que, como vimos[6], esas especificaciones pueden ser diferentes y, en consecuencia, aproximarse o alejarse gradualmente del ideal. Pero esto es una cuestión empírica que no afecta a lo que ahora interesa: el valor de la ley, aquello por lo que la decisión del nosotros se considera vinculante para cada uno.

---

[5] Cfr. RAWLS (1993: 34) y (1971: III § 25).

[6] *Vid. supra*, I, ap. 1.1.

1.1. Modificación del criterio de validez

El valor de la ley democrática se origina, como sabemos, en el pacto político. Es decir, está relacionado con lo que denominé la vertiente política de la constitución. Dado que la validez de la ley únicamente adquiere sentido en la vertiente jurídica podría pensarse que no guarda relación alguna con el valor o virtud de la ley. Quizá estaríamos tentados a decir que tal relación tenía relevancia en el pasado, cuando no existía propiamente un orden jurídico y se usaban criterios externos al Derecho para enjuiciar la decisión del soberano. Creo, sin embargo, que si se repara en dos aspectos básicos de la democracia constitucional es sencillo comprobar que tal conclusión es apresurada. El primero se refiere a la propia naturaleza del pacto político. El segundo a su finalidad, y, por tanto, a la práctica subsiguiente que da continuidad al mismo.

Si se acepta, por lo que hace al primero de los requisitos, una concepción de la razón práctica basada en la idea de reciprocidad, o si se prefiere, una concepción de la justicia como equidad, que podrá ser más o menos criticada pero desde luego es difícil negar que resulta acorde con un sistema político en el que se da prioridad a las preferencias mayoritarias; parece lógico pensar que la razón de ser del pacto es expresar cuáles son las condiciones mínimas que garantizan a cada uno el ejercicio de los dos poderes de la personalidad moral. Es decir, escribir en piedra aquello por lo que tiene sentido mantener el procedimiento de decisión. Propuse denominar a este requisito, *condición de persistencia* del pacto.

El segundo requisito se refiere, como dije, a la finalidad del pacto. Y por tanto, a quién y cómo debe dar continuidad en la práctica constituida a la condición de persistencia anterior. Denominé a este requisito *condición de regularidad*. Dado que las reglas de competencia y procedimiento se refieren a esta segunda condición, esta se cumplirá siempre que se sigan las reglas. Pero estas son solo una parte del conjunto de normas constitutivas. Y dado que la otra parte de ese conjunto se refiere a la primera condición, parece que estas últimas tienen carácter instrumental con respecto a aquellas. Dicho con otras palabras, la segunda condición en tanto que se refiere al aspecto procedimental al que queda sujeta la estructura política y jurídica de la sociedad, o lo que es lo mismo, a un deber técnico que es interno a la asunción previa de un deber normativo[7]; es condición necesaria para el desarrollo regular del pacto, pero no es suficiente para garantizar la continuidad del mismo.

La validez de la ley en la democracia constitucional requiere, por tanto, que ambas condiciones se den conjuntamente. Por eso, como dije, es un concepto complejo. Ahora bien, dado que en etapas anteriores el concepto de validez también se construía a partir de la conjugación del criterio genético y el de justicia, no puede residir aquí el cambio sustancial que introduce la democracia constitucional.

La modificación consiste, a mi juicio, en que en este diseño institucional los principios de justicia, la condición de persistencia del pacto, forman parte de la estructura política y social: son públicos y hay razones para creer que esta estructura los respeta. Lo primero es evidente desde el momento en que entre las normas constitutivas de la práctica institucional se encuentran las que especifican tales principios. Lo segundo se refiere, sin embargo, a la práctica institucional. Las razones que avalan la creencia hay que buscarlas, por tanto, en las normas constitutivas.

Sabemos ya que estas normas constituyen a la vez que definen la práctica. No seguirlas implica, por tanto, que estamos ante una práctica diferente. Ahora bien, debido a la diferente estructura que presentan unas y otras normas constitutivas, puede darse el caso de que se produzcan desacuerdos en relación con el cumplimiento de una u otra condición, o de ambas a la vez. Creo que los desacuerdos en este punto son importantes ya que afectan a los sujetos de la razón práctica y en consecuencia a la creencia que estos tienen sobre las instituciones públicas. Es decir, a la normatividad de la ley.

1.2. La estabilidad del sistema político-jurídico

De acuerdo con los tres requisitos de sociedad bien ordenada a la que se refiere Rawls, la estabilidad del sistema social depende de la asunción compartida de una creencia moral. Es decir, de que los ciudadanos que cumplen habitualmente con lo que ordenan las instituciones sociales lo hagan por dos razones: i) porque aceptan los principios de justicia social

[7] Cfr. Von Wright (1985: 379).

y consecuentemente se comportan de acuerdo con lo que estos requieren, y ii) porque creen que las instituciones son justas y ajustan, por tanto, su conducta a lo que estas ordenan. Si esto es así la estabilidad del sistema social depende de la previa existencia de una concepción política estable de la justicia [8]; por lo tanto la segunda de estas razones es subsidiaria de la primera. Es decir, tan solo si las decisiones adoptadas por el nosotros se adecuan a los principios de justicia constituirán para cada uno genuinas razones para actuar. De lo contrario, las razones que ofrecen los principios de justicia prevalecerán sobre las decisiones de la autoridad.

En coherencia con el liberalismo político de Rawls, la estabilidad del sistema social depende de que exista una convergencia entre el punto de vista interno de autoridades y ciudadanos. Si esto se aplica a nuestra práctica institucional, no es muy diferente de afirmar que dado que en las normas constitutivas se encuentran atrincheradas la condición de persistencia y la de regularidad, no seguirlas conlleva incurrir en una inconsistencia pragmática.

Creo que a esto es a lo que se refiere también Garzón Valdés con las dos condiciones necesarias y conjuntamente suficientes que se requieren para la estabilidad de los sistemas políticos. La primera exige la aceptación de la regla de reconocimiento por parte del grupo dominante (*officials*, en la terminología de Hart), o lo que es lo mismo, de la autoridad [9]. La segunda se refiere asimismo a la aceptación de la regla de reconocimiento, pero ahora por parte de los individuos, que debe ser mayoritaria entre ellos [10]. Es decir, según Garzón Valdés, para que estas dos condiciones se den conjuntamente se requiere la asunción compartida por parte de ciudadanos y autoridades de la regla de reconocimiento y, como es lógico, la previa aceptación de todos ellos de las normas constitutivas de la práctica institucional. De no ser así, como afirma este autor,

> «se puede poner en peligro la identidad del sistema (estabilidad) y hasta su propia existencia» [11].

---

[8] Cfr. SELEME (2004: 316).
[9] Cfr. GARZÓN VALDÉS (1987: 17).
[10] Cfr. *id.*, 21.
[11] Cfr. *id.*, 21-2.

De acuerdo con Garzón Valdés, la identidad del sistema, su estabilidad, depende, por tanto, de que las decisiones de la autoridad se adecuen a la condición de persistencia y a la de regularidad. De lo contrario la identidad del sistema decae y con ella la propia existencia del sistema en su conjunto. Es decir, se inicia una práctica diferente de la constituida.

La adopción de este punto de vista interno es, como se sabe, la requerida también por Hart a la hora de referirse a la regla de reconocimiento. Parece conveniente entonces saber en qué consiste la regla de reconocimiento de nuestra práctica institucional.

2. REGLA DE RECONOCIMIENTO Y CONTINUIDAD DE LA PRÁCTICA CONSTITUCIONAL

De acuerdo con Hart, en los sistemas jurídicos complejos la identificación de las normas depende de que estas satisfagan los criterios que provee la regla de reconocimiento. Como consecuencia de ello, las afirmaciones relativas a la existencia de las normas dejan de ser enunciados externos, como ocurría en los sistemas simples, y se convierten en enunciados internos al sistema de normas [12]. Identificar una norma no difiere, por tanto, de afirmar que esta es válida de acuerdo con el criterio de validez del sistema [13]. Sin embargo, Hart afirma también que debido la falta de especificidad que la caracteriza, la regla de reconocimiento tan solo existe como una práctica compleja pero normalmente concordante de instituciones públicas y ciudadanos en los criterios de identificación de las normas. Su existencia es pues, como el propio Hart afirma, una cuestión de hecho [14].

Dado que lo específicamente característico de la regla de reconocimiento es la convergencia en el punto de vista interno, la práctica compleja de identificación a la que se refiere Hart es normativa. Pero hablar de normatividad de las prácticas es, por lo pronto, problemático. Hay, en efecto quien niega cualquier normatividad a la práctica y quien afirma que de ella se deriva una obligación moral. Como lo que ahora interesa es saber cómo

---

[12] Cfr. HART (1961: 110).

[13] Cfr. *ibidem.*

[14] Cfr. *ibidem.*

caracteriza Hart esa práctica compleja y, por tanto, en qué consiste su normatividad, no me detendré en lo primero.

Según Hart, se requieren también dos condiciones necesarias y conjuntamente suficientes para la existencia de un sistema jurídico. En primer lugar, que las normas de comportamiento válidas de acuerdo con los criterios últimos de validez del sistema sean generalmente obedecidas. En segundo lugar, que la regla o reglas de reconocimiento que especifican el criterio de validez, así como las reglas de cambio y adjudicación sean efectivamente aceptadas como estándares de comportamiento por los funcionarios (*officials*) del sistema, o lo que es lo mismo, por la estructura pública del mismo [15]. La primera de estas condiciones es la única que necesitan satisfacer los ciudadanos, sea cual sea la causa de ello [16]. Los funcionarios (*officials*) deben satisfacer las dos, la primera en tanto que ciudadanos y la segunda en cuanto autoridades del sistema [17].

Afirmar la existencia de un sistema jurídico implica entonces hacer uso de un enunciado bifurcado (*a Janusfaced statment*) que se refiere por un lado a la obediencia de los ciudadanos de las reglas primarias de obligación y, por el otro, a la aceptación por parte de las autoridades de las reglas secundarias como estándares críticos compartidos del comportamiento oficial. Si esto es así, la existencia y estabilidad del sistema político-jurídico parece que ya no depende, como ocurría en los casos anteriores, de una concepción política de la justicia estable, sino simplemente de esa práctica convergente. Es decir, de una convención.

2.1. La regla de reconocimiento como convención

Hart, ciertamente parece entender la regla de reconocimiento como una regla convencional cuando afirma que la aceptación de las normas como estándares comunes de comportamiento del grupo debe ser separado del problema de la aquiescencia individual. Y de forma explícita, cuando reconoce en el *Postscript* que, como señala Dworkin en su crítica [18],

---

[15] Cfr. *id.*, 116.
[16] Cfr. *ibidem.*
[17] Cfr. *id.*, 117.
[18] Cfr. Dworkin (1986: 13-14).

hay una diferencia notable entre consenso y convención. En este sentido, afirma Hart:

> «las normas son prácticas sociales convencionales si la conformidad del grupo es parte de las razones que tienen los individuos para aceptarlas [...] [mi] teoría permanece como una forma confiable de entender las normas convencionales entre las que se incluyen, además de las costumbres sociales, ciertas normas jurídicas importantes como la regla de reconocimiento»[19].

Dado que, de acuerdo con Hart, no importan las razones que tengan los ciudadanos para seguir las reglas y, además, la regla de reconocimiento existe como una práctica convencional, ningún miembro de la sociedad necesita en puridad aceptar las reglas, sino simplemente actuar como lo hacen los demás. Es decir, actuar no por convicción sino por convención.

Ciertamente, los hechos convencionales se caracterizan por comportamientos convergentes de los miembros del grupo que vienen motivados por creencias compartidas entre ellos. Estas creencias, que constituyen la razón para actuar, junto con las expectativas generadas a partir del conocimiento común serían entonces definitorias de una convención. Vilajosana, a partir de los trabajos de Lewis y Narvaez[20], caracteriza los hechos convencionales a través de las siguientes cláusulas[21]:

1. La mayoría de los miembros de un determinado grupo realiza una determinada conducta cuando se dan determinadas circunstancias.
2. La mayoría de los miembros del grupo cree que 1.
3. La creencia de que se da 1 constituye una razón para realizar esa conducta en esas circunstancias.
4. Hay un conocimiento común entre la mayoría de los miembros del grupo de lo que se dice en las cláusulas anteriores. Es decir, las conocen, conocen que los demás las conocen, conocen que los demás conocen que ellos las conocen, etc.

A partir de esta caracterización, Vilajosana considera que el punto de vista interno puede ser traducido en términos de hechos convencionales y,

---

[19] Cfr. *id.*, 256.
[20] Cfr. LEWIS (1969: 42, 56 y 78), y NARVÁEZ (2004: 312).
[21] Cfr. VILAJOSANA (2007: 35-6) y (2010a: 151).

en consecuencia, que el enunciado «en la sociedad *S* existe la regla de reconocimiento *R*», puede ser analizado de forma similar. Para ello introduce los siguientes cambios en la primera cláusula:

> 1. La mayoría de los juristas de la sociedad *S* usa los criterios *C1, C2... Cn* (que forman la Regla de Reconocimiento de *S*) cada vez que tienen que identificar el derecho de *S*.

Dado que las cláusulas subsiguientes se refieren a las creencias y conocimiento común entre los juristas, y son, por tanto, coextensivas con las anteriores, evito reproducirlas aquí[22].

De acuerdo con Vilajosana, cabría entonces la posibilidad de entender la normatividad de la regla de reconocimiento en el mismo sentido en el que se entiende la normatividad de las convenciones. Y dado que lo característico de los hechos convencionales es realizar determinadas acciones por la razón de que otros también lo hacen, no hay por qué descartar que la razón para identificar el Derecho a partir de unos determinados criterios sea también la de que otros los usan[23]. Es conveniente aclarar que Vilajosana no afirma que esta sea la única razón para hacerlo y, en todo caso, que no debe entenderse esta idea como una respuesta al problema de la justificación del Derecho, dado que esto remite siempre al ámbito moral[24].

Creo que esta forma de caracterizar la normatividad de la regla de reconocimiento es ciertamente compatible con algunas afirmaciones de Hart. Así, por ejemplo, sostiene Hart que es probable que gran parte de la ciudadanía, quizá la mayoría, no tenga conocimiento de la estructura del sistema jurídico ni de los criterios de validez que resultan de él[25]. Hart dice que podría darse incluso el caso extremo de que el punto de vista interno y su normatividad característica quedasen confinados al mundo oficial. Es decir, que los ciudadanos obedezcan y tan solo las autoridades acepten y usen los criterios de validez del sistema. Una sociedad, de este tipo, dice Hart,

---

[22] Cfr. Vilajosana (2007: 39) y (2010a: 155).
[23] Cfr. Vilajosana (2010a: 168).
[24] Cfr. *ibidem*.
[25] Cfr. Hart (1961: 202).

> «probablemente fuera considerada como una deplorable sociedad de borregos; los borregos pueden acabar en el matadero. Pero hay escasas razones para pensar que no puede existir o para negarle el título de sistema jurídico»[26].

Ahora bien, también parece conveniente recordar que cuando Hart hace referencia a la primera condición, la obediencia de las reglas primarias de obligación, la única que deben cumplir los ciudadanos, añade lo siguiente:

> «sin embargo, en una sociedad saludable, aceptarán de hecho las normas como estándares comunes de comportamiento y reconocerán la obligación de obedecerlas o incluso vincularan esta obligación a la más general de respetar la constitución»[27].

Y, si esto es así, la sociedad saludable de Hart parece estar bastante próxima a la estabilidad de la sociedad bien ordenada a la que se refiere Rawls o a la de los sistemas políticos como indica Garzón Valdés.

2.2. La regla de reconocimiento como creencia moral

Dado que un aspecto central de la regla de reconocimiento es la convergencia en la práctica de identificación del Derecho, o lo que es lo mismo, el uso compartido de los criterios que resultan del sistema; parece extraño que Hart requiera la aceptación de estos por la parte oficial. Los funcionarios (*officials*) del sistema, al igual que ocurre con la obediencia ciudadana de las reglas primarias de obligación, bien podrían usar esos criterios por la razón de que los demás lo hacen. Como quiera que según Hart esto sería suficiente para la identificación del sistema jurídico, diríamos que este existe como existen las convenciones.

Sin embargo, la aceptación de los criterios de validez del sistema por la parte oficial resulta crucial para la regla de reconocimiento hartiana. Sin recurrir a la aceptación sería imposible, como Hart requiere, diferenciar el punto de vista interno del externo. Es decir, la actitud de quienes

---

[26] Cfr. Hart (1961: 117).
[27] Cfr. *id.*, 116-117.

obedecen las reglas por razones prudenciales de la actitud de quienes las aceptan. Por eso, como dije, esta última es condición necesaria aunque no suficiente para la existencia del sistema jurídico. Siempre se podrá alegar que el punto de vista interno se refiere sin más a la actitud compartida. Es decir, a las creencias y conocimiento mutuos entre la parte oficial. De ser así, los funcionarios (*officials*) del sistema aceptarían las reglas secundarias, y en tanto que ciudadanos obedecerían las reglas primarias de obligación, por el mero hecho de que los demás hacen lo mismo. Es decir, por razones prudenciales.

Ciertamente esta es una forma adecuada de referirse al punto de vista interno de esta práctica convergente. Pero nada más. Es decir, no hace ninguna referencia al punto de vista interno con respecto a las reglas secundarias y, en consecuencia, tampoco a los criterios compartidos de validez que resultan del sistema jurídico, como Hart exige. Y no lo hace por la sencilla razón de que si el punto de vista interno se circunscribe a la práctica, lo que se acepta es la normatividad de la práctica, no la de las reglas. Dicho con otras palabras, no es posible encontrar en las reglas ninguna razón para actuar diferente de las que ya ofrece la práctica. La parte oficial, por tanto, se limitaría a seguir las reglas o no, en función de que los demás lo hagan.

Ahora bien, de ser así, no podríamos hablar de aceptación de las reglas secundarias y, probablemente tampoco de obediencia de las reglas primarias de obligación. No diríamos, por ejemplo, que la identificación de una norma se realiza por referencia al procedimiento señalado en las reglas de cambio, sino que resulta de lo que hacen los demás, se adecue o no a lo dispuesto en la regla. No diríamos que existe un sistema de reglas al que se ajusta la práctica, sino una práctica compartida que puede ser coincidente o no con lo que exigen las reglas. Diríamos, por tanto, que existe una práctica social cuya regularidad es independiente de los criterios del sistema, aunque quizá en algunos casos pueda coincidir con ellos. Creo que esta situación podría ser equiparada a lo que Garzón Valdés denomina Apatilandia:

> «en ese país nadie sustenta creencia alguna acerca de cómo deberían ser las reglas que orientan el comportamiento colectivo, ya que si así no fuera, no podría evitarse una confrontación entre sus creencias acerca de lo que debe ser con lo que efectivamente es» [28].

---

[28] Cfr. GARZÓN VALDÉS (1992: 323).

No parece ser esta la actitud requerida por Hart. Los funcionarios (*officials*) del sistema, reitera Hart, deben aceptar las reglas como estándares comunes de comportamiento y, por tanto, como instancia crítica de evaluación de sus propias acciones y las de los demás [29]. Lo cual resulta totalmente coherente con su definición de sistema jurídico. Como sabemos, Hart define el sistema jurídico como una estructura conformada por la combinación de reglas primarias de obligación y reglas secundarias de reconocimiento, cambio y adjudicación [30]. Entre estas últimas, entre las reglas secundarias, existe a su vez una estrecha conexión, dado que allí donde hay reglas de cambio la regla de reconocimiento incorpora necesariamente alguna referencia a la legislación como criterio de identificación de nuevas normas promulgadas [31]. En opinión de Hart, esto proporciona una poderosa herramienta de análisis de conceptos jurídicos como los de validez o fuente del derecho, pero también de conceptos propios de la teoría política, como ocurre con los de Estado o autoridad. La mayoría de oscuridades que rodean a estos conceptos políticos o jurídicos, afirma Hart, proviene de que hacen referencia al punto de visto interno, que es

> «el de aquellos que no solo las ven como recordatorio y predicción de comportamiento de conformidad con ellas, sino que *usan* las reglas como estándares críticos de su comportamiento y el de los demás» [32].

De ahí que Hart reclame un papel más destacado del punto de visto interno en el análisis de los conceptos políticos o jurídicos del que se le otorga habitualmente. Lo verdaderamente distintivo del aspecto interno del procedimiento jurídico de promulgación de la ley o de adjudicación por parte de los tribunales está, por tanto, vinculado con las reglas secundarias [33].

Hay, no obstante, otro sentido en el que es posible entender la aceptación que Hart requiere de los funcionarios (*officials*) del sistema. Se refiere a lo que este autor denomina enunciados desprendidos o no comprometidos (*detached statements*). Estos serían enunciados formulados por

---

[29] Cfr. Hart (1961: 117).
[30] Cfr. Hart (1961: 98).
[31] Cfr. *id.*, 96.
[32] Cfr. *id.*, 98.
[33] Cfr. *id.*, 99.

aquellos que aceptan los criterios de validez de las normas pero que no se sienten comprometidos con ellas. Es decir, que aceptan las normas en un sentido débil, como obligaciones legales que no exigen ningún compromiso moral[34]. Pero como el propio Hart reconoce, esta forma de entender la obligación legal separada de la obligación moral hace tan solo referencia al esqueleto del problema y, por tanto, no responde en su totalidad a la cuestión de la aceptación. Y ello porque, según Hart, a menos que sea verdad y generalmente aceptado que la mayoría de funcionarios (*officials*) y ciudadanos crean que tienen una obligación moral con respecto a lo que exige el sistema jurídico, este no gozaría de la estabilidad que tiene[35].

Si esto es así, la aceptación de los criterios de validez internos al sistema en un sentido fuerte o comprometido de reconocimiento resulta fundamental, como dije, para que las reglas puedan ser usadas como instancia crítica del propio comportamiento y el de los demás[36]. Dicho de otro modo, en relación con la parte oficial del sistema nos encontramos en la situación inversa a la que se produce en el caso extremo que Hart califica como sociedad de borregos. Si hay aceptación en sentido fuerte cada funcionario del sistema dispone del recurso a las reglas como criterio de justificación de sus acciones y, en consecuencia, como instancia crítica de la de todos aquellos que pretendan justificar la suya apelando al comportamiento convergente de los demás. Como afirma Malem, en relación con el desempeño de la función judicial en un sistema democrático:

> «no conviene olvidar que no es función de los jueces refrendar con su comportamiento y menos aun con sus sentencias la moral social vigente, y que no en pocas ocasiones los jueces deben decidir en contra de las valoraciones sociales vigentes porque así lo demandan los valores constitucionales»[37].

Y si esto es lo que deben hacer los jueces, qué decir de los legisladores que son los encargados de aplicar las reglas constitutivas para dar continuidad en la práctica al pacto constitucional. En definitiva, allí donde se acepta la regla de reconocimiento, y, por tanto, los criterios de validez internos del sistema de reglas, la acción por convicción se impone sobre

---

[34] Cfr. HART (1982: 160).
[35] Cfr. *id.*, 161.
[36] *Vid. supra*, II, ap. 1 y 3.
[37] Cfr. MALEM (2001: 402).

la convencional. Creo que esto es lo que Hart afirma expresamente con lo siguiente:

> «Decir que una persona tiene una obligación jurídica de realizar un cierto acto no es, aunque pueda parecerlo, un enunciado acerca del Derecho o de la existencia de una ley que requiere que se comporte de una forma determinada. Es más bien una evaluación de su actuación u omisión desde el punto de vista adoptado al menos por los tribunales del sistema que aceptan el Derecho como estándar de guía y evaluación de la conducta [...]. Estos no son enunciados históricos o fácticos que describen acciones, actitudes o creencias pasadas, presentes o futuras de los ciudadanos y los funcionarios (*officials*) del sistema, sino enunciados acerca de lo que los individuos deben hacer u omitir legalmente de forma similar a la que los enunciados acerca de los derechos se refieren a lo que cada individuo se encuentra legalmente capacitado para hacer u omitir, o para indicar a otros qué deben hacer u omitir [...]. Son enunciados normativos»[38].

2.3. La regla de reconocimiento de la práctica institucional

El punto de vista interno es, como acabamos de ver, fundamental para comprender la normatividad de la práctica de reconocimiento y, en consecuencia, la del sistema jurídico en su conjunto. La adopción del punto de vista interno requiere, como es lógico, la aceptación en sentido fuerte o comprometido de las reglas constitutivas de cualquier práctica institucional.

Dado que la legislación democrática es también una práctica institucional, su regla de reconocimiento requiere igualmente la aceptación de las reglas constitutivas. Estas atrincheran, como sabemos, la condición de regularidad y la de persistencia del pacto político, de las que resultan los criterios de validez de las restantes normas del sistema. El incumplimiento de una u otra condición implica el inicio de una práctica diferente que conlleva, a su vez, la modificación de la regla de reconocimiento. De ocurrir esto último, diríamos que la práctica institucional ha decaído y que nos encontramos ante una práctica diferente.

---

[38] Cfr. Hart (1982: 144-5).

Si esto es así, puede decirse entonces que quien acepta la regla de reconocimiento, o lo que es lo mismo, quien adopta el punto de vista interno de esta práctica institucional, se compromete con ella y dispone de razones diferentes de las perentorias o meramente prudenciales para adecuar su comportamiento a lo que exigen las reglas constitutivas. Para los aceptantes estas son la instancia crítica desde la cual enjuiciar el comportamiento propio y el de los demás participantes en la práctica.

Ahora bien, si los participantes tuvieran que responder a la pregunta de por qué aceptan las reglas constitutivas, su respuesta no podría hacer referencia a ningún criterio de validez interno al sistema. Nos consta que las reglas constitutivas son normas independientes del sistema y, por tanto, no son válidas ni inválidas. La respuesta obviamente hará referencia a la regla de reconocimiento que, como bien dice Hart, es una razón última, «una presuposición que no puede ser demostrada»[39]. Dado que las razones últimas son morales, y de la regla de reconocimiento se extraen los criterios de validez o corrección de la práctica institucional, la justificación de esta práctica es, en consecuencia, de carácter moral. Esto es también lo que se encuentra implícito en el uso del lenguaje que expresa los compromisos, es decir, en los enunciados internos típicos[40].

El punto de vista interno, así entendido, no difiere mucho del concepto de legitimidad empleado habitualmente en teoría política. Podría decirse entonces que para los aceptantes la regla de reconocimiento contiene una pretensión de legitimidad y quien la adopta, como afirma Garzón Valdés, formula una pretensión de corrección ética[41]. Esta pretensión de corrección es en mi opinión equiparable a los requisitos que impone Rawls para la existencia de una sociedad bien ordenada o los que exige el propio Garzón Valdés para la estabilidad de los sistemas políticos. Es decir, una creencia moral compartida que se sustenta en nuestras intuiciones básicas acerca de cómo deben ser los sujetos de la razón práctica y, por tanto, en nuestra forma de concebir esta. En definitiva, en una determinada concepción de la justicia que, como dije siguiendo a Rawls, bien puede ser la basada en el principio de reciprocidad.

---

39 Cfr. Hart (1961: 109).

40 Cfr. Caracciolo (1994: 150), y Vega (2007: 159).

41 Cfr. Garzón Valdés (1992: 327), y Ruiz Manero (1990: 176).

Frente a lo anterior siempre caben al menos dos objeciones básicas. La primera se refiere a la preferencia por un determinado criterio de justicia. La segunda a la restricción que esto supone en relación con el propio procedimiento democrático. Es cierto, por lo que se refiere a la primera, que la justicia como reciprocidad es tan solo una de las posibles formas de concebir la razón práctica. Otras son, por ejemplo, las que la conciben como una especificación de meros intereses egoístas, como propone Gauthier (1986), o como una especificación de la imparcialidad, como hace Barry (1989). Pero dado que ninguna de ellas es irrefutable, la única forma de elegir entre ellas es, como el propio Barry señala, seguir nuestras intuiciones acerca de qué es la moralidad[42].

La segunda objeción es de más calado puesto que afecta al núcleo mismo del diseño institucional: la restricción que se impone a la decisión del nosotros con la finalidad de preservar precisamente aquello por lo que tiene sentido mantener el procedimiento de decisión en pie de igualdad. Es decir, el criterio de excelencia del pacto constitucional. Dado ya me referí al problema de la denominada paradoja democrática, no volveré nuevamente sobre ello[43]. Tan solo cabe añadir que una vez que disponemos de una concepción política de la justicia resulta fundamental para la estabilidad del diseño institucional dotar de cierta rigidez a los principios básicos sobre los que esta se sustenta. Como es natural, siempre cabrá proponer diseños institucionales alternativos y quizá más acordes con el procedimiento democrático, como hacen los deliberativistas, pero tales diseños requieren también de algún grado de rigidez, por mínima que sea.

Sea como fuere, esta segunda objeción no afecta, como es evidente, al objeto de este trabajo que se refiere al problema de la validez de las leyes en el diseño institucional concreto que nos ocupa. En este diseño institucional, como he dicho, la condición de persistencia goza de prioridad lógica sobre la de regularidad. Dicho de otro modo, de la competencia y el procedimiento válidos para decidir sobre todas las materias, también por supuesto sobre los desacuerdos que existan en relación a cómo dar continuidad a los propios principios de justicia, queda excluida la decisión sobre el diseño institucional y, en consecuencia, sobre sus reglas constitutivas.

---

[42] Cfr. BARRY (1989: 292).
[43] *Vid. supra*, II, ap. 1 y 3.

3. LA VALIDEZ DE LA LEY EN LA DEMOCRACIA CONSTITUCIONAL

El concepto de validez de las leyes democráticas es, como dije, un concepto complejo. Tal complejidad no se debe, como ocurría en la antigüedad, a requerimientos externos al Derecho, sino a las dos condiciones que atrincheran las normas constitutivas de esta práctica institucional. Es decir, a los criterios de validez que resultan del propio sistema jurídico. Ahora bien, debido a la diferente estructura lingüística que presentan las normas que atrincheran la condición de persistencia de las que hacen lo propio con la de regularidad, es más probable que estos desacuerdos sean más habituales y también más importantes en relación con la primera.

Más habituales porque las normas que enuncian el *Bill of Rights* incorporan inevitablemente conceptos morales y por ello esencialmente controvertidos. Si a ello se añade que en una sociedad democrática que abraza una concepción de la justicia basada en la reciprocidad, como la que aquí he defendido, cada individuo profesa una doctrina comprehensiva o una concepción del bien que no tiene por qué ser acorde con la de los demás; resulta sencillo comprender la importancia que estos desacuerdos pueden tener para la estabilidad del sistema.

Ahora bien, dado que el argumento de la estabilidad se compone de dos partes, que como vimos están estrechamente emparentadas con la concepción de la razón práctica bifurcada que defiende Rawls; el segundo requisito de la estabilidad, el único que se refiere a la estructura política y social, se satisface apelando a un consenso superpuesto de doctrinas comprehensivas o concepciones del bien razonables. Creo que la satisfacción de las dos condiciones que imponen las reglas constitutivas de esta práctica institucional puede ser explicada en términos similares.

La condición de regularidad se verá satisfecha siempre que se dé cumplimiento a las reglas de competencia y procedimiento. Como antes dije, probablemente hubiera acuerdo en no reconocer como válida una decisión del Parlamento español que decidiera aprobar una ley sin que existiera el quórum exigido para ello o, aun cumpliéndose este requisito, que decidiera establecer la pena de muerte. La razón de ello se encuentra en efecto en la condición de regularidad que queda atrincherada por las reglas de competencia y procedimiento. Y obviamente, una vez que la pena de muerte fue abolida por la Constitución española, el Parlamento carece de competencia para restaurarla.

La condición de persistencia, que es donde reside a mi juicio el verdadero problema de la validez de las leyes en la democracia constitucional, descansa sobre nuestra concepción de la razón práctica y de los sujetos de la misma. Para dar cumplimiento a esta condición no es suficiente con apelar a la regularidad de la competencia ni del procedimiento de decisión. Esta condición exige, al igual que la anterior, la adopción del punto de vista interno y, en consecuencia, el compromiso con la concepción de la justicia que se encuentra atrincherada tras ella. Los argumentos sobre los que se sustente la decisión del nosotros deben ser razonablemente coherentes con nuestra concepción de la razón práctica y de los sujetos de la misma. Creo que el ejemplo sobre la prohibición genérica de la libertad de expresión a quienes profesan una determinada creencia religiosa o a los socios de un club deportivo al que hice referencia ilustra bien esta idea. Probablemente estuviéramos de acuerdo en afirmar que una ley de este tipo no sería razonablemente coherente con el compromiso adquirido con nuestra concepción de la justicia. Es decir, con la condición de persistencia que, al igual que la de regularidad, forma parte de esa práctica compleja que da vida a la regla de reconocimiento.

Decisiones como las del ejemplo, regularmente correctas pero razonablemente incoherentes con la condición de persistencia, perjudican el núcleo de excelencia de la democracia constitucional, el valor de la ley. Erosionan el punto de vista interno, la legitimidad del sistema. Obviamente decisiones de este tipo podrán encontrarse vigentes en los ordenamientos jurídicos reales, pero ello conlleva incurrir en una incoherencia pragmática por parte de la representación del nosotros. Es decir, el inicio de una práctica diferente que al modificar la regla de reconocimiento da lugar a una práctica institucional distinta cuya legitimidad no puede sustentarse en idéntica concepción de la razón práctica.

Las mismas razones son las que avalan la validez de las leyes en la democracia constitucional. Debido precisamente a la complejidad del concepto de validez, este exige que la decisión del nosotros cumpla con la condición de regularidad pero también que el resultado de esa decisión sea coherente con nuestra concepción de los individuos y de la sociedad. Es necesario, por tanto, que la decisión del nosotros exprese un equilibrio entre nuestra concepción de la razón práctica y los arreglos institucionales que resuelven los desacuerdos puntuales en relación con las diferentes concepciones del bien. Es decir, un equilibrio reflexivo como el que Rawls defiende, que no en vano toma como ejemplo la *Ética* de Aristóteles [44].

Los argumentos que avalan la validez de la decisión del nosotros han de fundamentarse entonces en las dos condiciones exigidas por las reglas constitutivas. Esto quiere decir que no pueden sustentarse en razones meramente perentorias porque, como afirma Garzón Valdés, las razones perentorias son dependientes de la atribución de autoridad y quien se presenta como autoridad última del sistema tiene que comprometerse en sentido fuerte con sus normas [45].

4. CONCLUSIÓN

Al comienzo de este trabajo dije que el concepto de validez de las leyes en la democracia constitucional era un concepto complejo. He tratado de mostrar que esta complejidad tiene origen en el propio diseño institucional que atrinchera dos condiciones necesarias y conjuntamente suficientes para la validez de la ley.

La *condición de regularidad* especifica los criterios formales o genéticos. Estos son necesarios para identificar las decisiones adoptadas regularmente por el nosotros. Lógicamente, si estos criterios se incumplen la decisión no podrá ser reconocida. No hay, por tanto, ley válida sino una decisión irregular.

La *condición de persistencia* consiste en especificaciones de nuestra concepción de la justicia. Atrinchera el criterio de excelencia del pacto político, aquello por lo que tiene sentido seguir manteniendo el proceso de decisión. Si la decisión del nosotros omite estas especificaciones daña la concepción de la justicia. Es, por tanto, incoherente con el criterio de excelencia del pacto y en consecuencia acciona el derecho de veto del que dispone cada uno frente a la decisión del nosotros. No hay, por tanto, ley válida, sino una decisión formalmente correcta pero materialmente incompatible con el criterio de excelencia del pacto, con el valor de la ley.

---

[44] Cfr. Rawls (1971: § 65) y (1993: 203 y 207).
[45] Cfr. Garzón Valdés (1992: 326).

La complejidad del concepto de validez de la ley democrática se debe a las propias características de la democracia constitucional que atrinchera dos ideales que en el límite son incompatibles entre sí. La estabilidad del sistema requiere encontrar un equilibrio entre ambos. Es cierto que este equilibrio es difícil de alcanzar y queda, en todo caso, sujeto a discusión. Entre otras razones porque la moral, la política y por supuesto el Derecho, los tres componentes básicos de este diseño institucional, no se caracterizan por tener límites tan precisos como los de la geometría, como acertadamente afirmaba Hume [46]. Pero que no tengan límites precisos no quiere decir que carezcan de ellos, sino simplemente que son difusos o vagos. Nada impide, por tanto, que sean razonablemente acordados. Las razones en las que se sustente ese acuerdo, cuya justificación corre siempre a cargo de la representación del nosotros, no pueden ser prudenciales o meramente perentorias. Ello indicaría que la autoridad última del sistema no se siente vinculada por las normas constitutivas y pone en riesgo la estabilidad y continuidad del sistema político-jurídico.

La validez de la ley en la democracia constitucional requiere en definitiva de razones fuertes o comprometidas con las reglas constitutivas. Cuando esto ocurre, cuando la decisión del nosotros cumple con la condición de regularidad y es razonablemente coherente con la de persistencia, la ley democrática es vinculante para todos porque con ella se da continuidad en la práctica al valor de cada uno atrincherado por el pacto. Si el valor de la ley se mantiene indemne, el procedimiento de decisión, que si bien es cierto que es instrumental no lo es menos que también es intrínsecamente valioso por ser coherente con los valores atrincherados, garantiza la incidencia de cada uno en la solución final de los desacuerdos que en cada momento adopte la decisión del nosotros.

---

[46] Cfr. Hume (1748: 94).

BIBLIOGRAFÍA CITADA

AARNIO, A., «On changes in the systematics of Law», en *Rechstheorie*, núm. 10 (1986), pp. 161-70.

AGUILÓ, J., *Teoría general de las fuentes del Derecho (y del orden jurídico)*, Barcelona: Ariel, 2000.

ALÁEZ, B., *Los límites materiales a la reforma de la Constitución española de 1978*, Madrid: Centro de Estudios Políticos y Constitucionales, 2000.

ALARCOS LLORACH, E. [1994], *Gramática de la lengua española*, Madrid: Real Academia Española/Espasa Calpe, 2000, 3.ª reimp.

ALCHOURRÓN, C., «Sistematization and change in the science of Law», en *Rechstheorie*, núm. 10 (1986), pp. 171-84.

ALCHOURRÓN, C., y BULYGIN, E., *Normative Systems*, Wienn/New York: Springer, 1971. Hay versión española de los autores, bajo el título *Introducción a la metodología de las ciencias jurídicas y sociales*, Buenos Aires: Astrea, 1974.

— [1976], «Sobre el concepto de orden jurídico», en *id.*, *Análisis lógico y Derecho*, Madrid: Centro de Estudios Constitucionales, 1991, pp. 393-407.

— [1981], «La concepción expresiva de las normas», trad. esp. de «The Expresive Conception of Norms», por la que se cita, a cargo de Bulygin, E., en ALCHOURRÓN, C./BULYGIN, E., *Análisis lógico y Derecho*, cit., pp. 121-153.

— [1984], «Permisos y normas permisivas», traducción española de «Permssion and Permissive Norms», por la que se cita, a cargo de los autores, en *id.*, *Análisis lógico y Derecho*, cit., pp. 215-238.

— «Algunas consideraciones sobre los Sistemas Jurídicos», *Doxa*, núm 9 (1991), pp. 257-279.

— «Norma jurídica», en GARZÓN VALDÉS, E., y LAPORTA, F. J. (eds.) [1996], *El derecho y la justicia*, Madrid: Trotta/Consejo Superior de Investigaciones Científicas, 2000, 2.ª ed., pp. 133-47.

ALEXY, R. [1978], *Teoría de la argumentación jurídica. La teoría del discurso racional como teoría de la fundamentación jurídica*, trad. esp. de *Theorie der Juristischen Argumentation. Die Theorie des rationalen Diskurses als Theorie der juristischen Begründung*, por la que se cita, a cargo de Atienza, M., y Espejo, I., Madrid: Centro de Estudios Constitucionales, 1989.

ANSCOMBE, G. E. M. [1957], *Intention*, Oxford: Blackwell, traducción española, por la que se cita, *Intención*, a cargo de Stellino, A. I., Barcelona: Paidós, 1991.

ARENSON, R. J., «Democratic Rights at National and Workplace Levels», en COPP, D.; HAMPTON, J., y ROEMER, J. E. (eds.), *The Idea of Democracy*, Cambridge: Cambridge University Press, 1993.

ARISTÓTELES [1978], *Acerca del Alma*, trad. esp. a cargo de Calvo Martínez, T., Madrid: Gredos, 1981 (reimp.).

— [1948], *La constitución de Atenas*, en TOVAR, A., (ed.), Madrid: Instituto de Estudios Políticos, 1970.

— [1949], *Ética a Nicómaco*, ARAUJO M., y MARÍAS, J. (eds.), Madrid: Centro de Estudios Constitucionales, 1999, 7.ª ed.

— *Segundos Analíticos*, en *id.*, *Tratados de Lógica (Órganon)*, vol. II., trad. esp. a cargo de Candel, M., Madrid: Gredos, 1988.

— *Política*, trad. esp. a cargo de C. García Gual, A. Pérez Jiménez, Madrid: Tecnos, 2004.

ATIENZA, M., *El Derecho como argumentación*, Barcelona: Ariel, 2006.

ATIENZA, M., y RUIZ MANERO, J. [1996], «La regla de reconocimiento», en LAPORTA, F. J. (ed.), *Constitución: Problemas filosóficos*, Madrid: Centro de Estudios Políticos y Constitucionales, 2003, pp. 111-133.

— «Seis acotaciones preliminares para una teoría de la validez jurídica», en *Doxa,* núm. 26 (2003), pp. 719-36.

ATRIA, F., *On Law and Legal Reasoning*, Oxford-Portland, Oregon: Hart Publishing, 2001.

AUBENQUE, P. [1963], *La prudence chez Aristote*, Paris: Presses Universitaires de France, 2.ª ed., 1976.

AUSTIN, J. L. [1962], *Como hacer cosas con palabras,* trad. esp. de *How to do things with words,* por la que se cita, a cargo de Carrió G. R., y Rabossi, E. A., Barcelona: Paidós, 1971.

BARKER, E. [1946], *The Politics of Aristotle*, Oxford: Oxford University Press, 1975 (reimp.).

BARRY, B. [1989], *Teorías de la justicia*, traducción española, por la que se cita de Theories of Justice, a cargo de Hidalgo, C., y Lourido, C., Barcelona: Gedisa, 1995.

BASTIT, M., *Naissance de la loi moderne. La pensée de la loi de saint Thomas à Suarez*, Paris: Presses Universitaires de France, 1990.

BAYÓN, J. C., *La normatividad del Derecho: deber jurídico y razones para la acción*, Madrid: Centro de Estudios Constitucionales, 1991.

— «El contenido mínimo del derecho positivo», inédito.

— [1998], «Derechos, democracia y constitución», en LAPORTA, F. (ed.), *Constitución: Problemas filosóficos*, Madrid: Centro de Estudios Políticos y Constitucionales, 2003, pp. 399-422.

— «Democracia y derechos: problemas de fundamentación del constitucionalismo», en BETEGÓN, J.; DE PÁRAMO, J. R.; PRIETO SANCHOS, L., y LAPORTA, F. J. (coords.), *Constitución y Derechos Fundamentales*, Madrid: Ministerio de la Presidencia/Centro de Estudios Políticos y Constitucionales, 2004, pp. 67-138.

— «¿Necesita la república deliberativa una justificación epistémica?», en *Diritto e Questione Pubbliche*, núm. 9, 2009, pp. 189-228.

BERTALANFFY, L. [1968], *Teoría general de los sistemas*, trad. esp. de la cuarta edición inglesa de *General System Theory: Foundations, Development, Applications,* por la que se cita, a cargo de Almela, J., Madrid: Fondo de Cultura Económica, 1993 (3.ª reimp.).

BICKEL, A., *The Least Dangerous Branch*, New Haven: Yale University Press.

BOBBIO, N., *Studi sulla teoria generale del diritto*, Torino: Giapichelli, 1955.

— [1999], *Teoría General de la política*, trad. esp. por la que se cita, de *Teoria generale della política,* en BOVERO, M. (ed.), a cargo de De Cabo A./Pisarello, G., Madrid: Trotta, 2003.

BONNER, R. J., y SMITH, G., *The Administration of Justice from Homer to Aristotle*, New Jersey: The Lawbook Exchange, 2000.

BORGES, J. L. [1949], «La busca de Averroes», en *id.*, *El Aleph*, Madrid: Alianza, 1981, 10.ª ed.

BUCHANAN, J. M., y TULLOCK, G., *The Calculus of Consent*, Michigan: Ann Arbor, University of Michigan Press, 1962.

BUENO, G., «Conceptos conjugados», en *El Basilisco*, 1.ª Época, núm. 1 (1978), pp. 88-92.

— *¿Qué es la filosofía?*, Oviedo: Pentalfa, 1995, 2.ª ed.

BULYGIN, E. [1985], «Normas y lógica. Kelsen y Weinberger sobre la ontología de las normas», ALCHOURRÓN, C./BULYGIN, E., *Análisis lógico y Derecho*, cit., pp. 249-65.

CAPPELLETTI, M., «¿Renegar de Montesquieu? La expansión y la legitimidad de la justicia constitucional», trad. esp. a cargo de De Luis Durán, P., en *Revista Española de Derecho Constitucional*, núm. 17 (1986), pp. 9-46.

— *The Judicial Process in Comparative Perspective*, Oxford: Clarendon Press, 1989.

CARACCIOLO, R., *Sistema Jurídico. Problemas actuales*, Madrid: Centro de Estudios Constitucionales, 1988.

— [1994], «L'argomento della credenza morale», en *Analisi e Diritto*. Ahora también, bajo el título «El argumento de la creencia moral», en *El Derecho desde la Filosofía*, Madrid: Centro de Estudios Políticos y Constitucionales, 2009, pp. 147-161.

— [1996], «Esistenza di norme e di sistemi normativi», en COMANDUCCI, P., y GUASTINI, R. (eds.), *Struttura e Dinamica dei Sistemi Giuridici*, Torino: Giappichelli, 1996. Y con el título «Existencia de normas» en *Isonomía,* núm. 7 (1997). Ahora, con el mismo título en *El Derecho desde la Filosofía*, Madrid: Centro de Estudios Políticos y Constitucionales, 2009, pp. 183-203.

CARNAP, R., [1960], «Significado y sinonimia en los lenguajes naturales», en BUNGE, M., (comp.), *Antología semántica*, Buenos Aires: Nueva visión, 1980, pp. 25-44.

CASTIGNONE, S., «Legalità, Legittimità, Legittimazione», en *Sociología del Diritto*, núm. 4 (1977), pp. 19-38.

— «Legittimazione e potere. Elementi per una reflessione analitica», en Treves, R. (ed.), *Diritto e Legitimazione*, Milano: Franco Angeli, 1985, pp. 15-20.

Cicerón, M. T., *Las leyes*, Madrid: Centro de Estudios Políticos y Constitucionales, 2000, 3.ª ed.

Coleman, J. L., y Leiter, B., «Determinancy, Objectivity and Authority», en Marmor, A. (ed.), *Law and Interpretation. Essays in Legal Philosophy*, Oxford: Clarendon Press, 1995, pp. 203-278.

Delgado Pinto, J., «Sobre la vigencia y la validez de las normas jurídicas», *Doxa*, núm. 7 (1990), pp. 101-167.

De Lora, P., «Two Dogmas of Constitutionalism: Constitutional Rights and Judicial Review», en *Rechtstheorie,* núm. 33 (2002), pp. 381-95.

— «Justicia constitucional y deferencia al legislador», en Laporta, F. (ed.), *Constitución: Problemas filosóficos*, Madrid: Centro de Estudios Políticos y Constitucionales, 2003, pp. 345-70.

De Lucas, J., «Sobre el origen de la justificación paternalista del poder en la antigüedad clásica», en *Doxa. Cuadernos de Filosofía del Derecho* (*Doxa*, en adelante), núm. 5 (1988), pp. 243-249.

De Otto, I. [1987], *Derecho Constitucional. Sistema de Fuentes*, Barcelona: Ariel, 1995, 2.ª ed. (4.ª reimp.).

Del Vecchio, G. [1930], *Lezioni di Filosofia del Diritto*, Milano: Giuffrè, 1965, 13.ª ed.

Díaz, E., *De la maldad estatal y la soberanía popular*, Madrid: Debate, 1984.

— «Legitimidad democrática: libertad y criterio de las mayorías», en Treves, R. (ed.), *Diritto e Legitimazione*, Milano: Franco Angeli, 1985, pp. 110-40.

Domínguez, A., «El Cratilo como filosofía del lenguaje», en *id.* (ed), *Cratilo o del lenguaje*, Madrid: Trotta, 2002, pp. 11-69.

Dworkin, R., *Law's Empire*, Cambridge: Harvard University Press, 1986.

— *Freedom's Law. The Moral Reading of the American Constitution*, Cambridge: Harvard University Press, 1996.

— *Sovereing Virtue: The Theory and Practice of Equality*, Cambridge: Havard University Press, 2000.

Eco, U. [1984], *Semiótica y Filosofía del lenguaje*, trad. esp. por la que se cita de *Semiotica e filosofia del linguaggio,* Barcelona: Lumen, 1998, 3.ª ed., p. 318.

Eisenmann, CH., «*L'Esprit des Lois* et la Séparation des Pouvoirs», en *Cahiers de Philosophie Politique*, núm. 2-3 (1984-1985), pp. 3-34.

Ely, J. H., *Democracy and Distrust. A theory of Judicial Review*, Cambridge (Mass.): Havard University Press, 1980.

Farrell, M. D., *Hacia un criterio empírico de validez*, Buenos Aires: Astrea, 1972.

Ferrajoli, L. [1995], *Derecho y Razón. Teoría del garantismo penal*, trad. esp. por la que se cita de *Diritto e ragione. Teoría del garantismo penale,* a cargo de Andrés Ibáñez, P. *et al.*, Madrid: Trotta, 2004.

— *Derechos y garantías. La ley del más débil*, trad. esp. a cargo de Andrés Ibáñez, P., y Greppi, A., Madrid: Trotta, 2001, 2.ª ed.

— *Principia Iuris. Teoria del diritto e della democrazia*, Bari: Laterza, 2007, 3 vols. Hay versión española, bajo el título *Principia Iuris. Teoría del derecho y de la democracia,* a cargo de Andrés Ibáñez, P. *et al.*, Madrid: Trotta, 2011.

— «La teoría del Derecho en el sistema de los saberes jurídicos», trad. esp. a cargo de De la Iglesia, I.; Pisarello, G., y García Manrique, R., en Pisarello, G., y García Manrique, R. (ed.), *La teoría del Derecho en el paradigma constitucional*, Madrid: Fundación Coloquio Jurídico Europeo, 2008.

Ferrer, J., *Las normas de competencia. Un aspecto de la dinámica jurídica*, Madrid: Boletín Oficial del Estado/Centro de Estudios Políticos y Constitucionales, 2000.

Ferreres, V., *Justicia constitucional y democracia*, Madrid: Centro de Estudios Políticos y Constitucionales, 1997.

Finnis, J., *Natural Law and Natural Rights*, Oxford: Clarendon Press, 1980.

— [1985], «On "Positivism" and "Legal Rational Authority", en *id. Natural Law*, *id.* (ed.), Aldershot: Dartmouth, pp. 167-83.

Frege, G., «Uber Sinn und Bedeutung», en *Zeitschrift für Philosophie und philosophishe Kritik,* núm. 100 (1892), pp. 25-50.

Gargarella, R., *La justicia frente al gobierno. Sobre el carácter contramayoritario del poder judicial*, Barcelona: Ariel, 1996.

Garzón Valdés, E. [1977], «Las palabras de la ley y su interpretación. Algunas tesis de Francisco Suárez», en *id.*, *Derecho, ética y política*, Madrid: Centro de Estudios Constitucionales, 1993, pp. 117-129.

— «Acerca de las limitaciones legales al soberano legal», en *Sistema. Revista de Ciencias Sociales*, núm. 43-44 (1981), pp. 43-57.

— «Acerca de las limitaciones jurídicas del soberano», en Bulygin, E.; Farell, M. D.; Nino, C. S., y Rabossi, E. A. (comps.), *El lenguaje del Derecho. Homenaje a Genaro R. Carrió*, Buenos Aires: Abeledo Perrot, 1983, pp. 157-180.

— [1983], «Las limitaciones jurídicas del soberano», en *id.*, *Derecho, ética y política*, Madrid: Centro de Estudios Constitucionales, 1993, pp. 181-200.

— *El concepto de estabilidad de los sistemas políticos*, Madrid: Centro de Estudios Constitucionales, 1987.

— [1988], «El concepto de legitimidad de Niklas Luhmann», en *id.*, *Derecho, ética y política*, Madrid: Centro de Estudios Constitucionales, 1993, pp. 509-17.

— [1989], «Representación y democracia», en *id.*, *Derecho, ética y política*, Madrid: Centro de Estudios Constitucionales, 1993, pp. 631-50.

— [1992], «Ética, economía y criterios de legitimidad», en *Id.*, *Derecho, ética y política*, Madrid: Centro de Estudios Constitucionales, 1993, pp. 491-508.

— [1992], «Algo más acerca de la relación entre Derecho y moral», en *id.*, *Derecho, ética y política*, Madrid: Centro de Estudios Constitucionales, 1993, pp. 317-35.

— «El consenso democrático: Fundamento y límites del papel de las minorías», en *Isonomía,* núm. 12 (2000), pp. 7-34.

Gauthier, D., *Morals by Agreement*, Oxford: Clarendon Press, 1986.

— «Thomas Hobbes and the Contractarian Theory of Law», en COOP, D. (ed.), *Canadian Philosophers: Celebrating Twenty Years of the Canadian Journal of Philosophy*, Calgary: University of Calgary Press, 1990, pp. 5-34.

GOLDSMITH, M. M., «Hobbes on Law», en SORELL, T. (ed.), *The Cambridge Companion to Hobbes*, Cambridge: Cambridge University Press, 1996, pp. 274-305. Ahora también en FINKELSTEIN, C. (ed.), *Hobbes on Law*, Aldershot: Ashgate, 2005, pp. 3-34.

GONZÁLEZ LAGIER, D., *Acción y norma en G. H. von Wright*, Madrid: Centro de Estudios Constitucionales, 1995.

— «Clasificar acciones. Sobre la crítica de Raz a las reglas constitutivas de Searle», en *Doxa,* núm. 13 (1993), pp. 265-76.

GUASTINI, R., «Interpretive Statements», en GARZÓN VALDÉS, E.; KRAWIETZ, W.; VON WRIGHT, G. H., y ZIMMERLING, R. (eds.), *Normative Systems in Legal and Moral Theory. Festschrift for Carlos E. Alchourrón and Eugenio Bulygin*, Berlin: Duncker & Humblot, 1997, pp. 279-92.

GUIBOURG, R. A., «Fuentes del Derecho», en GARZÓN VALDÉS, E., y LAPORTA, F. J. (eds.) [1996], *El derecho y la justicia*, Madrid: Trotta/Consejo Superior de Investigaciones Científicas, 2000, 2.ª ed., pp. 177-97.

HABERMAS, J. [1992], *Facticidad y validez. Sobre el derecho y el Estado democrático de derecho en términos de teoría del discurso*, trad. esp. por la que se cita de *Faktität und Geltung. Beiträge zur Diskurstheorie des Rechts und des demokratischen Rechtsstaats*, a cargo de Jiménez Redondo, M., Madrid: Trotta, 2005, 4.ª ed.

HAMILTON, A.; MADISON, J., y JAY, J. [1780], *El Federalista*, trad. esp. de *The Federalist,* por la que se cita, a cargo de Velasco, G. R., México: Fondo de Cultura Económica, 1994.

HARE, R. M. [1952], *The Language of Morals*, Oxford: Oxford University Press, 1978, reimp.

HARPER, R. F. [1904], *The Code of Hammurabi King of Babilon*, New Jersey: The Lawbook Exchange, 1999.

HART, H. L. A. [1961], *The Concept of Law*, Oxford: Oxford University Press, 1994, 2.ª ed.

— *Essays on Bentham. Studies in Jurisprudece and Political Theory*, Oxford: Clarendon Press, 1982.

— «Comands and Authoritative Legal Reasons», en *id.*, *Essays on Bentham. Studies in Jurisprudence and Political Theory*, Oxford: Clarendon Press, 1982, pp. 243-68. Ahora también en RAZ, J. (ed.), *Authority*, Oxford: Basil Blackwell, 1990, por donde se cita, pp. 92-141.

HEGEL, G. W. F. [1840], *Lecciones sobre la filosofía de la historia universal*, trad. esp. por la que se cita de *Vorlesungen über die philosophie der Geschichte,* a cargo de Gaos, J., Madrid: Alianza, 2004 reimp.

HERNÁNDEZ MARÍN, R., *Teoría general del Derecho y de la Ciencia jurídica*, Barcelona: Promociones y Publicaciones Universitarias, 1989.

HIERRO, J., *Problemas del análisis del lenguaje moral*, Madrid: Tecnos, 1970.

HIERRO, L., «El concepto de justicia y la teoría de los derechos», en DÍAZ, E., y COLOMER, J. L. (eds.), *Estado, justicia, derechos*, Madrid: Alianza, 2002, pp. 11-73.

HOBBES, T. [1640], *The Elements of Law*, TÖNNIES, F. (ed.), Cambridge: Cambridge University Press, 1928.

— [1642], *De Cive*, en RODRÍGUEZ FEO, J. (ed.), *El ciudadano*, Madrid: Debate/ CSIC, 1993.

— [1651], *Leviathan*, TUCK, R., (ed.), Cambridge: Cambridge University Press, 1991.

— [1681], *A Dialogue Between a Philosopher and a Student, of the Common Laws of England*, en CROMARTIE, A., (ed.), Oxford: Clarendon Press, 2005, p. 9. Hay versión española a cargo de RODILLA, M. A., bajo el título *Diálogo entre un filósofo y un jurista y escritos autobiográficos*, Madrid: Tecnos, 1992.

HOLMES, S., «Constitutionalism, Democracy and State Decay», en KOH, H. H., y SLYE, R. C. (eds.), *Deliberative Democracy and Human Rights*, New Haven: Yale University Press, 1999, pp. 116-35.

HORKHEIMER, M. [1967], *Crítica de la razón instrumental*, trad. esp. por la que se cita de *Zur Kritik der instrumentellen Vernunft*, a cargo de Muñoz, J., Madrid: Trotta, 2002.

HUME, D. [1748], *An Enquiry Concerning Human Understanding*, trad. esp. por la que se cita *Investigación sobre el conocimiento humano,* a cargo de Salas Ortueta, J., Madrid: Alianza, 2010, 6.ª reimp.

JAEGER, W. [1923], *Aristóteles, bases para la historia de su desarrollo intelectual*, trad. esp. por la que se cita, de *Aristoteles, Grundlegung einer Geschichte seiner Entwicklung,* a cargo de Gaos, J., México: Fondo de Cultura Económica, 1983 (reimp.).

JØRGENSEN, J., «Imperatives and Logic», en *Erkenntnis,* núm. 7 (1937-38), pp. 288-96.

KALINOWSKI, G., «Application du Droit et Prudence», en *Archiv für Rechts und Sozialphilosophie*, vol. III, núm. 2 (1967), pp. 161-178.

KANT, I. [1781], *Crítica de la razón pura*, trad. esp. de *Kritik der reinen Vernunft,* por la que se cita, a cargo de Ribas, P., Madrid: Taurus, 2005.

— [1788], *Crítica de la razón práctica*, trad. esp. de *Kritik der praktischen Vernunft,* por la que se cita, a cargo de Rodríguez Aramayo, R., Madrid: Alianza, 2000.

— [1797], *Introducción a la metafísica de las costumbres*, trad. esp. a cargo de González Vicén, F., en *id.*, *Introducción a la teoría del Derecho*, Madrid: Marcial Pons, 1997, pp. 27-43.

KAZIMER, O., y WOLENSKI, J., «On Weak and Strong Permissions», en *Rechtstheorie,* núm. 4 (1973), pp. 169-82.

KELSEN, H. [1944], *Teoría General del Derecho y del Estado*, trad. esp. de García Máynez, E., México D. F.: Universidad Nacional Autónoma de México, 1995, 2.ª ed. (5.ª reimp.).

— «The metamorphoses of the idea of justice», en *Interpretations of Modern Legal Philosophies. Essays in Honor of Roscoe Pound*, SAYRE, P. (ed.), New York: Oxford University Press, 1947, pp. 390-418.

— [1960], *Teoría pura del Derecho*, trad. esp. por la que se cita de *Reine Rechtslehre, zweite, vollständing neu bearbeitete und erweiterte Auflage*, a cargo de Vernengo, R., 11.ª ed., México: Porrúa, 2000.

— *Die Illusion der Gerechtigkeit. Eine Kritische Untersuchung der Socialphilosophie Platons*, RINGHOFER, K., y WALTER R. (eds.), Wien: Manzsche Verlags und Universitätsbuchhandlung, 1985.

— «¿Quién debe ser el defensor de la constitución?», trad. esp. de *Wer soll der Hüter der Verfassung sein?,* a cargo de Brie, R. J., en *La polémica Schmitt/Kelsen sobre la justicia constitucional. El defensor de la constitución versus ¿Quién debe ser el defensor de la Constitución?*, Estudio preliminar de Giorgio Lombardi, Madrid: Tecnos, 2009, pp. 289-366.

LAPORTA, F. J., «Ética y Derecho en el pensamiento contemporáneo», en CAMPS., V. (comp.), *Historia de la ética*, vol. 3, *La ética contemporánea*, Barcelona: Crítica, 1989, pp. 221-95.

— «El ámbito de la constitución», en *Doxa*, núm. 24 (2001), pp. 459-484.

— «Filosofía del derecho y norma constitucional: una aproximación preliminar», en *id.* (ed.), *Constitución: Problemas filosóficos*, Madrid: Centro de Estudios Políticos y Constitucionales, 2003, pp. 15-42.

LEFEBVRE, G. [1930], *La Révolution Française*, Paris: Presses Universitaires de France, 1963, 3.ª ed.

LEIBNIZ, G. W. [1714], *Monadología*, ed. trilingüe de J. Velarde, Oviedo: Pentalfa, 1981.

LEITER, B., «Objectivity, and the Problems of Jurisprudence», en *Texas Law Review*, (73), 1993, pp. 187-209.

LEWIS, D., *Convention. A philosophical Study*, Oxford: Basil Blackwell, 1969.

LUHMANN, N. [1974], *Sistema Jurídico y dogmática jurídica*, trad. esp. de *Rechtssystem und Rechtsdogmatik,* por la que se cita, a cargo de De Otto, I., Madrid: Centro de Estudios Constitucionales, 1983.

— [1980], *Rechtssoziologie*, Opladen: Westdeutscher Verlag, 1983.

MACCORMICK, N., *H.L.A. Hart*, London: Edward Arnold, 1981.

MACCORMICK, N., y BANKOWSKI, Z., «Speech Acts, Legal Institutions, and Real Laws», en MACCORMICK, N., y BIRKS, P. (eds.), *The Legal Mind. Essays for Tony Honoré*, Oxford: Clarendon Press, 1986, pp. 121-33.

MACDONALD, S., «Problems with Principles: Montesquieu's Theory of Natural Justice», en *History of Political Thougt*, vol. XXIV, I. (2003), pp. 109-30.

MALEM, J., «Pueden las malas personas ser buenos jueces», en *Doxa,* núm. 24 (2001), pp. 374-403.

MARTÍ, J. L., *La república deliberativa. Una teoría de la democracia*, Madrid/Barcelona: Marcial Pons, 2006.

MATURANA, H., y VARELA, F., *Autopoiesis and Cognition. The Realization of the Living*, Boston: Reidel, 1980.

MENDONÇA, D., *Introducción al análisis normativo,* Madrid: Centro de Estudios Constitucionales, 1992.

MICHELAKIS, E., *Aristotle's Theory of Practical Principles*, Athens: Cleisiounis Press, 1961.

MILL, J. S. [1861], *Considerations on Representative Government*, trad. esp. por la que se cita *Del gobierno representativo,* a cargo de Iturbe, M. C. C., presentación de Dalmacio Negro, Madrid: Tecnos, 1985, pp. 106-9.

MONTESQUIEU, Ch. L. [1748-1750], *L'Esprit des Lois*, en *id.*, *Œuvres complètes*, Paris: Éditions du seuil, 1964.

MOORE, M., «Metaphisics, Epistemology and Legal Theory», en *Southern California Law Review* (60), 1987, pp. 453-506.

MORESO, J. J., *La indeterminación del derecho y la interpretación de la Constitución*, Madrid: Centro de Estudios Políticos y Constitucionales, 1997.

— «Diritti e giustizia procedurale imperfetta», en *Ragion Pratica,* núm. 10 (1998), pp. 13-40.

— «Lenguaje jurídico», en GARZÓN VALDÉS, E., y LAPORTA, F. J. (eds.), *El derecho y la justicia*, Madrid: Trotta/Consejo Superior de Investigaciones Científicas, 2000a, 2.ª ed., pp. 105-116.

— «Derechos y justicia procesal imperfecta», en *Discusiones,* núm. 1 (2000b), pp. 15-51.

— «En defensa del positivismo jurídico inclusivo», en NAVARRO, P. E., y REDONDO, M. C. (comp.), *La relevancia del derecho. Ensayos de filosofía jurídica, moral y política*, Barcelona: Gedisa, 2002, pp. 93-116.

MORESO, J. J., y VILAJOSANA, J. M., *Introducción a la teoría del Derecho*, Madrid: Marcial Pons, 2004.

MORRIS, Ch. [1946], *Signos, lenguaje y conducta*, trad. esp. por la que se cita de *Signs, Language and Behaviour,* a cargo de José Rovira Armengol, Buenos Aires: Losada, 1962.

NARVÁEZ, M., *Wittgenstein y la teoría del Derecho. Una senda para el convencionalismo jurídico*, Madrid/Barcelona: Marcial Pons, 2004.

NAVARRO, P., *La Eficacia del Derecho. Una investigación sobre la Existencia y Funcionamiento de los Sistemas Jurídicos,* Madrid, Centro de Estudios Constitucionales, 1990.

NINO, C. S., *La validez del Derecho*, Buenos Aires: Astrea, 1985.

— «Sobre los derechos morales», en *Doxa,* núm. 7 (1990), pp. 311-25.

— «Los fundamentos del control judicial de constitucionalidad», en AA.VV., *Fundamentos y alcance del control judicial de constitucionalidad. Investigación colectiva del Centro de Estudios Institucionales de Buenos Aires*, Madrid: Centro de Estudios Constitucionales, 1991, pp. 97-137.

— *Derecho, moral y política. Una revisión de la teoría general del Derecho*, Barcelona: Ariel, 1994.

— «Justicia», en GARZÓN VALDÉS, E., y LAPORTA, F. J., (eds.) [1996], *El derecho y la justicia*, Madrid: Trotta/Consejo Superior de Investigaciones Científicas, 2000, 2.ª ed., pp. 467-80.
— [1996], *La constitución de la democracia deliberativa*, trad. esp. por la que se cita de *The Constitution of Deliberative Democracy,* a cargo de Saba, P., Barcelona: Gedisa, 1997.
PARFIT, D., *Reasons and Persons*, Oxford: Clarendon Press, 1984.
PEÑA FREIRE, A., «Validez y vigencia de las normas: algunas precisiones conceptuales», *Anuario de Filosofía del Derecho*, Tomo XVI (1999), pp. 99-119.
PÉREZ TRIVIÑO, J. L., *Los límites jurídicos al soberano*, Madrid: Tecnos, 1998.
— «Sobre el valor moral del deporte: *Fair play*, trampas y faltas intencionadas estratégicas», en *id., Ética y Deporte*, 2011, en prensa.
PETTIT, P., *Republicanism. A Theory of Freedom and Government*, Oxford: Oxford Univesity Press, 1997.
PLATÓN [1963], *Las Leyes*, trad. esp. a cargo de Pabón J. M., y Fernández-Galiano, M. (eds.), Madrid: Centro de Estudios Constitucionales, 1983, 2.ª ed.
— [1977a], «La República, o de la Justicia», en *id.*, *Obras Completas*, trad. esp. a cargo de Araujo, M.; García Yagüe, F.; Gil, L.; Miguez, J. A.; Rico, M.; Rodríguez Huéscar, A., y Samaranch, F., Madrid: Aguilar, 1977, 2.ª ed.
— [1977b], «Alcibíades, o de la naturaleza del hombre», en *id.*, *Obras Completas*, trad. esp. a cargo de Araujo, M.; García Yagüe, F.; Gil, L.; Miguez, J. A.; Rico, M.; Rodríguez Huéscar, A., y Samaranch, F., Madrid: Aguilar, 1977, 2.ª ed.
— [1977c], «Protágoras, o los Sofistas», en *id.*, *Obras Completas*, trad. esp. a cargo de Araujo, M.; García Yagüe, F.; Gil, L.; Miguez, J. A.; Rico, M.; Rodríguez Huéscar, A., y Samaranch, F., Madrid: Aguilar, 1977, 2.ª ed.
— [1977d], «El Político, o de la realeza», en *id.*, *Obras Completas*, trad. esp. a cargo de Araujo, M.; García Yagüe, F.; Gil, L.; Miguez, J. A.; Rico, M.; Rodríguez Huéscar, A., y Samaranch, F., Madrid: Aguilar, 1977, 2.ª ed.
— [1987], *Menón,* en *Id. Diálogos*, vol. II, trad. esp. a cargo de Calgonge Ruiz; J.; Acosta Menéndez, E.; Olivieri, F. J., y Calvo, J. L., Madrid: Gredos, 1987 (reimp.).
— *Cratilo o del lenguaje*, en DOMÍNGUEZ, A. (ed), Madrid: Trotta, 2002.
POPPER, K. [1945], *La sociedad abierta y sus enemigos*, trad. esp. por la que se cita de *The Open Society and its Enemies,* a cargo de Loedel, E., Barcelona: Paidós, 2002.
PRIETO SANCHÍS, L., *Justicia constitucional y Derechos Fundamentales*, Madrid: Trotta, 2003.
RANNEY, F. J., *Aristotle's Ethics and Legal Rhetoric. An Analysis of Language, Beliefs and the Law*, Aldershot: Ashgate, 2005.
RAWLS, J. [1971], *A Theory of Justice*, Cambridge, The Belknap Press of Harvard University Press, 1999.
— [1993], *Political Liberalism*, New York: Columbia University Press, 1996, 2.ª ed.

RAZ, J. [1970], *The Concept of a Legal System. An introduction to the Theory of Legal System*, Oxford: Clarendon Press, 1973 (reimp. corregida). Hay versión española a cargo de Tamayo y Salmorán, R., bajo el título *El concepto de sistema jurídico. Una introducción a la teoría del sistema jurídico,* México D.F.: Universidad Nacional Autónoma de México, 1986.

— [1975], *Razón práctica y normas*, trad. esp. por la que se cita de *Practical Reason and Norms,* a cargo de Ruiz Manero, J., Madrid: Centro de Estudios Constitucionales, 1991.

— «Promises and Obligations», en *Law, Morality, and Society: Essays in Honour of H.L.A. Hart*, P. M. S. Hacker y J. Raz (eds.), Oxford: Clarendon Press, 1977, pp. 210-228.

— [1979], *The Authority of Law*, Oxford: Oxford University Press. Hay versión española, a cargo de Tamayo, R., bajo el título, *La autoridad del Derecho,* México: UNAM, 1982.

RICOEUR, P. [1975], *La metáfora viva*, trad. esp. por la que se cita de *La métaphore vive,* a cargo de Neira, A., Madrid: Ediciones Cristiandad/Trotta, 2001.

RODRÍGUEZ, J. L., *Lógica de los sistemas jurídicos*, Madrid: Centro de Estudios Políticos y Constitucionales, 2002.

ROSS, A., «El concepto de validez y el conflicto entre el positivismo jurídico y el Derecho Natural», trad. esp. de «Validity and the Conflict between Legal Positivism and Natural Law», por la que se cita, a cargo de Carrió, G. R., y Paschero, O., en *id.*, *El concepto de validez y otros ensayos*, cit., pp. 9-32.

ROUSSEAU, J. J. [1762], «Du contrat social. Ou Principes du Droit Politique», en *id.*, *Œuvres politiques*, Paris: Bordas, 1989. Hay versión española, bajo el título *Contrato Social,* traducción a cargo de De Los Ríos, F., Madrid: Espasa, 2007, 13.ª ed.

RUIZ MANERO, J., *Jurisdicción y normas*, Madrid: Centro de Estudios Constitucionales, 1990.

RUIZ MIGUEL, A. [1986], «El principio de jerarquía normativa», en LAPORTA, F. J. (ed.), *Constitución: Problemas filosóficos*, Madrid: Centro de Estudios Políticos y Constitucionales, 2003, pp. 93-109.

— *Una filosofía del Derecho en modelos históricos. De la antigüedad a los inicios del constitucionalismo*, Madrid: Trotta, 2002.

— «Constituzionalismo e democrazia» en *Teoría Política* 19, núm. 2/3 (2003), pp. 73-108.

— «Constitucionalismo y democracia», en *Isonomía*, núm. 21 (2004), pp. 51-84.

RUSSELL, B. [1905], «On Denoting», en *Mind*, núm. 14, pp. 479-93. Ahora también en URQUHART, A. (ed.), *The Collected Papers of Bertrand Russell*, vol. IV, *Foundations of Logic 1903-05*, London: Routledge, 1994, pp. 414-27, por donde se cita.

SCHAUER, F., *Playing by The Rules. A Philosophical Examination of Rule-Based Decision-Making in Law and Life*, Oxford: Clarendon Press, 1991.

SCHRECKENBERGER, W. [1978], *Semiótica del discurso jurídico. Análisis retórico de textos constitucionales y judiciales de la República Federal de Alemania*, trad. esp. de *Rhetorische Semiotik: Analyse von Testen des Grundgesetzes und von rhetorischen Grundstrukturen der Argumentation des Bundesverfassungsgerichtes,* por la que se cita, a cargo de Garzón Valdés, E., México D.F.: Universidad Nacional Autónoma de México, 1987.

SEARLE, J. R. [1969], *Spech Acts. An Essay in the Philosophy of Language*, Cambridge: Cambridge University Press, trad. esp. por la que se cita a cargo de Valdés Villanueva, L. M., *Actos de habla. Ensayo de filosofía del lenguaje,* Barcelona: Planeta-Agostini, 1994.

— [1976], «Una taxonomía de los actos ilocucionarios», en *Teorema*, VI/I, traducción española a cargo de Valdés Villanueva, L. M.

— [1998], *Mente, Lenguaje y Sociedad. La filosofía en el mundo real*, trad. esp. de Mind, *Language and Society, Philosophy in the Real World,* por la que se cita, a cargo de Alborés Rey, J., Madrid: Alianza, 2001.

SELEME, H. O., *Neutralidad y justicia. En torno al liberalismo político de Rawls*, Madrid/Barcelona: Marcial Pons, 2004.

SIÈYES, E. J. [1788], «Essai sur les privilèges», en *id.*, *Ecrits politiques*, ZAPPERI, R., (ed.), Paris: Editions des Archives Contemporaines/Gordon and Breach Science Publishers, 1994, 2.ª reimp.

— [1789], «Préliminaire de la Constitution. Reconnoissance et exposition raisonnée des Droits de L'Homme et du Citoyen», en *id.*, *Ecrits politiques,* ZAPPERI, R. (ed.), Paris: Editions des Archives Contemporaines/Gordon and Breach Science Publishers, 1994, 2.ª reimp.

SÓFOCLES [1981], «Antígona», en *id.*, *Tragedias*, trad. esp. a cargo de Alamillo, A., Madrid: Gredos, 2002.

STRAUSS, L. [1981], «Progress or Return? The Contemporary Crisis in Western Civilization, en *id.*, *An Introduction to Political Philosophy*, GILDIN, H., (ed.), Detroit: Wayne State University Press, 1989.

— [1987], «Plato», en *id.*, *An Introduction to Political Philosophy*, GILDIN, H. (ed.), Detroit: Wayne State University Press, 1989, pp. 167-245.

SUÁREZ, F., *De legibus*, Madrid: Instituto de Estudios Políticos, 1968.

TAMAYO, R., «Indeterminación del derecho. Las paradojas de la interpretación jurídica», en MALEM, J.; OROZCO, J., y VÁZQUEZ R. (comps.), *La función judicial. Ética y democracia*, Barcelon: Gedisa, 2003, pp. 57-83.

TARELLO, G., *Diritto, enunciati, usi. Studi de teoria e metateroria del diritto*, Bologna: Il Mulino, 1974.

TOMÁS DE AQUINO, *Summa Theologiae*, Madrid: Biblioteca de Autores Cristianos, 1960.

VALDÉS VILLANUEVA, L. M., «El significado: los constructores», ACERO, J. (ed.), *Filosofía del Lenguaje I. Semántica*, Madrid: Trotta, 1998, pp. 107-133.

VEGA, J., «Praxis y normatividad como criterio de cientificidad de la "ciencia jurídica"», en *Doxa*, núm. 23 (2000), pp. 503-560.

— «Reglas y lenguaje sobre reglas», en RODILLA, M. (coord.), *Jurisdicción, interpretación y sistema jurídico. Actas del XII Seminario ítalo-español de Teoría del Derecho*, Salamanca: Ediciones Universidad de Salamanca, 2007, pp. 137-88.

— «Aristóteles, el Derecho natural y el Derecho positivo», en *Anuario de filosofía del derecho*, 27/2011: 281-320.

VELARDE, J., «Sistema», en MUÑOZ, J., y VELARDE, J. (eds.), *Compendio de Epistemología*, Madrid, Trotta, 2000, pp. 526-531.

VERDROSS-DROSSVERG, A. [1946], *Grundlinien der Antiken Rechts und Staatphilosophie*, Wien: Springer, 1948, 2.ª ed.

VERNENGO, R. J., *La naturaleza del conocimiento jurídico*, Buenos Aires: Cooperadora de Derecho y Ciencias Sociales, 1973.

VILAJOSANA, J. M., *El significado político del Derecho*, México D.F.: Fontamara, 1997.

— *Identificación y justificación del Derecho*, Madrid: Marcial Pons, 2007.

— *El Derecho en acción. La dimensión social de las normas jurídicas,* Madrid: Marcial Pons, 2010a.

— «De lo posible a lo deseable. Las circunstancias de la jurisdicción y de la política en democracia», en *Democracia, religión y Constitución*, Madrid: Fundación Coloquio Jurídico Europeo, 2010b, pp. 139-220.

VON WRIGHT, G. H., *Norm and Action. A Logical Enquiry*, London: Routledge & Kegan Paul, 1963a. Hay versión española, a cargo de García Ferrero, P., bajo el título Norma y Acción. Una investigación lógica, Madrid: Tecnos, 1970.

— [1963b], *The Varieties of Goodness,* London: Routledge & Kegan Paul, 1963.

— «The Foundation of Norms and Normative Statements», en *Practical Reasons. Philosophical Papers*, vol. I, pp. 67-82.

WAISMANN, F. [1951], «Verifiability», en FLEW, A. N. G. (ed.), *Logic and Language*, Oxford: Blackwell, pp. 117.44.

WALDRON, J., «A Right-Based Critique of Constitutional Rights», en *Oxford Journal of Legal Studies*, núm. 16 (1993), pp. 18-51.

— *Law and Disagreement*, Oxford: Clarendon Press, 1999 (hay versión esp. a cargo de Martí, J. L., y Quiroga, A., bajo el título *Derecho y desacuerdos,* Madrid: Marcial Pons, 2005).

WEBER, M. [1922], *Wirtschaft und Gesellschaft, Grundriss der Verstehenden Soziologie*, trad. esp. de la 4.ª ed. alemana, por la que se cita a cargo de Medina Echevarría, J.; Roura Parella, J.; García Maynez, E.; Ímaz, E., y Ferrater Mora, J., *Economía y Sociedad,* México, Fondo de Cultura Económica, 1974, 2.ª ed., 2.ª reimp.

WEINBERGER, O., «The Expressive Conception of Norms –An Impasse for the Logic of Norms», en *Law and Philosophy*, núm. 4 (1985), pp. 165-98.

WITTGENSTEIN, L. [1919], *Tractatus logico-philosophicus,* trad. esp. de Muñoz, J., y Reguera, I., Madrid: Alianza, 2002 (4.ª reimp.).

— [1953], *Investigaciones filosóficas*, trad. esp. de la 3.ª ed. alemana de *Philosophische Untersuchungen,* por la que se cita, a cargo de García Suárez, A., y Moulines, U., Barcelona: Crítica/Instituto de Investigaciones Filosóficas de la Universidad Autónoma de México, 1988.

ZAGREBELSKY, G., «La Ley, el Derecho y la Constitución», trad. esp. de Ortega Santiago, C., en *Revista Española de Derecho Constitucional*, núm. 72 (2004), pp. 11-24.

COLECCIÓN MONOGRAFÍAS

Dirigida por D.ª María Rosa Ripollés Serrano
Directora de Estudios, Análisis y Publicaciones del Congreso de los Diputados

69. Diccionario biográfico de Diputados Canarios, de María Bernarda Barrios Curbelo, 2006.

70. La investidura parlamentaria del Gobierno: Perspectiva comparada y Constitución española, de Joan Vintró Castells, 2006.

71. Los regímenes electorales territoriales en los Estados compuestos. Alemania, EEUU e italia, de Juan Carlos Gavara y Francesc Vallès, 2007.

72. La denuncia de los tratados, de Elena Conde Pérez, 2007.

73. Igualdad y partidos políticos. Análisis constitucional y comparado de la igualdad de oportunidades de los partidos políticos, de Yolanda Fernández Vivas, 2008.

74. El ámbito territorial de las elecciones al Congreso de los Diputados en España, de María Garrote de Marcos, 2008.

75. Las elecciones en el reinado de Isabel II: La Cámara Baja, de Natividad Araque Hontangas, 2008.

76. Las Cortes Generales en la jurisprudencia del Tribunal Constitucional, de Esperanza Gómez Corona, 2008.

77. El Parlamento necesario. Parlamento y democracia en el siglo xxi, de José Tudela Aranda, 2008.

78. Los procedimientos legislativos especiales en las Cortes generales, de Yolanda Gómez Lugo, 2008.

79. El contenido esencial del derecho de asociación, de Ascensión Martín Huertas, 2009.

80. Azorín, testigo parlamentario. Periodismo y política de 1902 a 1923, de José Ferrandiz Lozano, 2009.

81. Las comisiones de códigos durante el Reinado de Isabel II (1843-1869), de Blanca Sáenz de Santa María Gómez-Mampaso, 2010.

82. Calidad de la democracia y administración electoral, de Gema Pastor Albaladejo, 2011.

83. La discreta práctica de la disciplina. La construcción de las categorías de la responsabilidad judicial en España, 1834-1870, de María Julia Solla Sastre, 2011.

84. Inmunidades e inviolabilidades: naturaleza jurídica y concepción dogmática. Especial referencia a la inviolabilidad parlamentaria, de Clara Viana Ballester, 2011.

85. La protección jurídica de las invenciones biotecnológicas, de Javier Guillem Carrau, 2011.

86. La ciberdemocracia en el Congreso de los Diputados (2004-2008), de Eva Campos Domínguez, 2011.

87. Derecho Constitucional. La centralidad del Parlamento, de Manuel Fernández-Fontecha Torres, 2011.

88. La Convención Europea: la génesis del Tratado de Lisboa, de Mercedes Guinea Llorente, 2011.

89. Análisis de la financiación de la actividad emprendedora, de Fernando Javier Crecente Romero, 2011.

90. El desarrollo del Estado social en la década de los noventa. Políticas sociales en un contexto de fuerte crisis económica, de Irene Correas Sosa, 2011.

91. Práxedes Mateo-Sagasta y Escolar (1825/1903): Bio-bibliografía, documentación y epistolario, de Nadia Villarejo, 2011.

92. Las Cortes Españolas en el régimen de Franco. Nacimiento, desarrollo y extinción de una Cámara Orgánica, de Miguel Ángel Giménez Martínez, 2012.

93. Democracia equilibrada *versus* Democracia representativa, de Ignacio Álvarez Rodríguez, 2012.

94. Valor de ley. Un análisis de la validez de la ley en la democracia constitucional, de Alberto Carrio Sanpedro, 2012.